사라져 아름답다

나남
nanam

구영회

방송 CEO 출신의 지리산 수필가. 고려대를 나왔고 '장한 고대언론인상'을 받았으며, MBC 보도국장, 삼척 MBC 사장, 한국신문방송편집인협회 부회장 등을 지냈다. 30대 중반 무렵부터 지리산을 수없이 드나들면서, 삶의 본질에 대한 '갈증'에 목말라하는 마음속 궤적을 따라 끊임없는 '자기타파'를 추구해왔다. 33년에 걸친 방송인 생활을 마친 뒤, 지금은 지리산 자락 허름한 구들방 거처에서 혼자 지내며 제 2의 인생을 살아가고 있다. 그는 지리산에서 지금까지《지리산이 나를 깨웠다》,《힘든 날들은 벽이 아니라 문이다》,《사라져 아름답다》등 세 권의 수필집을 펴냈다. 그의 글은 지리산처럼 간결하고 명징하다. 섬진강처럼 잔잔하고 아름답다. 뱀사골 계곡처럼 깊다. 그가 우리에게 두런두런 건네 붙이는 말투는, 지리산 밝은 달밤과 별밤에 숲에서 들리는 호랑지빠귀의 휘파람 소리처럼 마음 깊은 곳을 파고들며 깨운다.

사라져 아름답다

은퇴할 사람들과 은퇴한 사람들에게
띄우는 세 번째 지리산 통신

2016년 7월 25일 발행
2016년 7월 25일 1쇄

지은이_具榮會
발행자_趙相浩
발행처_(주) 나남
주소_413-120 경기도 파주시 회동길 193
전화_(031) 955-4601 (代)
FAX_(031) 955-4555
등록_제 1-71호 (1979. 5. 12)
홈페이지_http://www.nanam.net
전자우편_post@nanam.net

ISBN   978-89-300-8880-0
ISBN   978-89-300-8655-4 (세트)

사라져 아름답다

은퇴할 사람들과 은퇴한 사람들에게
띄우는 세 번째 지리산 통신

구영회 지음

나남
nanam

지리산 자연인이 들려주는
삶의 아름다움

고승철
(나남출판 주필·소설가)

2015년 여름 어느 날, 필자는 나남출판 사옥에서 야릇한 체험을 했다. 복도에서 웬 방문객이 스치듯 지나갔는데 이상하게도 그분의 자력磁力에 내 심신이 끌려들어가는 듯한 느낌이 들었다.

누구일까? 자세히 보지는 못했지만 벙거지 모자와 개량한복에 털북숭이 얼굴…. 몸이 새털처럼 가벼워 걷는 게 아니라 한줄기 바람에 일신一身을 맡겨 홀연히 사라지는 듯한 자태….

자리에 돌아와 컴퓨터 앞에 앉았는데 그분의 모습이 자꾸 눈앞에 어른거렸다. 혹시 어디서 뵌 분이 아닐까? 기시감旣視感….

눈을 감으니 지나온 삶의 역정歷程이 초고속 영사기로 돌리는 영화필름처럼 빠른 속도로 지나간다. 그 숱한 장면 가운데 어느 엘리베이터 속에 몇몇 승객과 함께 탄 필자의 모습이 떠오른다.

잠시 후 접견실에서 그 방문객과 만나 정식으로 인사했다. 구영회 전 삼척 MBC 사장. 얼굴을 맞보며 통성명通姓名하기는 처음이지만 언론계 선배인 그분의 고명高名은 오래전부터 익히 알았다. '민완기자'의 표상이었다. 방송사에서 물러난 이후 도회都會의 화미華美에서 표표飄飄히 떠나 '어머니의 품'과 같은 지리산에 칩거하신단다. 그의 몸놀림이 경쾌한 것은 세속적 욕망의 덩어리들이 몽땅 빠졌기 때문 아니겠는가.

그러고 보니 아까 눈앞에 떠올랐던 엘리베이터 안

풍경이 또렷이 살아났다. 1981년 여름, 당시엔 문화방송(MBC)과 경향신문은 같은 회사였고(경향신문·문화방송) 정동 사옥도 함께 사용했다. 〈경향신문〉 기자였던 필자는 그날 구영회 기자, 정동영 기자, 조정민 기자 등 MBC의 '잘나가는' 선배 기자들과 같은 엘리베이터를 탄 것이다.

세월이 흘러 구영회 선배는 심산유곡深山幽谷에서 은인자중隱忍自重하는 선인仙人으로 변신했다. 그 시절 정동 사옥의 엘리베이터에서 필자와 동승했던 분 가운데 대통령 후보, 유명한 목사, 실세 여성 국회의원 등의 과거 모습이 명멸明滅한다.

구 선배가 갖고 온 에세이 원고를 읽고 가슴이 먹먹해졌다. 지독한 궁핍 속에서도 희망을 버리지 않은 그의 청년시절 여러 일화들을 접하니 '잘 먹고 잘산' 동시대인同時代人으로서 죄책감이 엄습했다. 이 옥고는《힘든 날들은 벽이 아니라 문이다》라는 제목의 책으로 출판됐다. 부제는 '미래가 불안한 청년들을 위한 지리산 세레나데!'.

극심한 일자리 경쟁, 연애 포기, 결혼 지연 등 열악한 사회진출 환경에 지친 청년들을 위로하고 삶의 진정한 가치에 관한 잔잔한 이야기를 담은 명저名著다. 아름다운 지리산 '힐링 여행'을 안내하는 듯한 화법話法과 저자가 직접 찍은 풍경 사진은 독자의 마음에 큰 울림을 남긴다.

《힘든 날들은 벽이 아니라 문이다》를 읽은 감동이 채 가시지 않았는데 저자는 '은퇴할 사람들과 은퇴한 사람들'을 위한 글을 써 우화등선羽化登仙의 기세로 또 방문했다.

생자필멸生者必滅이라 했던가. 책 제목《사라져 아름답다》에서도 짐작되듯이 저자는 적멸寂滅을 두려워하지 않는 선인仙人 경지에 이른 듯하다.

　새 책에는 대자연과 저자의 몸이 하나가 되는 물아일체物我一體 경험이 곳곳에 소개된다. 독서삼매讀書三昧에 빠지다 보면 독자도 이를 간접 체험할 수 있겠다.

　삶과 죽음의 진정한 의미를 깨달으려는 분들에게 일독一讀을 권장한다. 저자의 깊은 내공 덕분에 독자는 선시禪詩 같은 이야기를 음미하며 속세俗世의 풍진風塵을 떨치고 선계仙界여행을 할 수 있으리라.

지리산에서 세 번째 이야기를 꺼내며

남이 다니는 길은
나를 데려다주지 않는다

꽃들을 다시 만난 것은 꼭 1년 만이었다.

산자락 구들방 창문 너머 여린 가지에서 며칠 전 새끼 손톱만 한 붉은 매화 한 송이가 눈에 띄더니, 홍매 청매 할 것 없이 어느새 줄줄이 예전의 그 얼굴을 내밀고 있었다. 꽃들은 사라졌던 그 자리에서 다시 피어 있었다. 그것은 끝난 이야기가 아니었다.

마을의 아침 산책길에는 노란 산수유가 이슬을 머금

어 햇살을 튕겨내고 있었다. 봄은 무채색 같은 겨울 풍경 속에서 강렬한 원색으로 존재감을 드러내기 시작한다. 동백, 매화, 산수유, 벚꽃, 개나리, 진달래, 생강꽃, 히어리 등등의 화사함은, 드디어 지리산의 긴 겨울이 물러나 사라지고 있다는 천지운행의 '전환'을 매우 드러나게 알려준다.

배꽃들 사이로 드디어 봄 농사에 나선 이웃들이 흙에 거름을 뿌리고 있었다. 찻길 양쪽에 늘어선 벚나무에서는 한껏 탱글탱글해진 망울들이 곧 터질 듯 다음 차례를 기다리고 있었다.

고샅길 옆 평평한 둔덕에는 이제는 사라지고 없는 마을사람들의 무덤이 따스한 햇볕을 한가득 받으며 쓸쓸하기는커녕 무척 평화롭고 다정하게 옹기종기 봄날을 맞이하고 있었다. 사라진 그들의 흔적은 봄날과 어우러져 오히려 아름다워 보였다. 사라졌기에 더욱 강렬한 자취를 남기고 있었다.

다시 찾아온 봄날은 따사롭고 고즈넉했다. 사라져 다시는 모습이 보이지 않는 그때 그 사람들은, 사실은 삶이 더없이 소중하고 아름다웠다는 것을 봄날의 가장 두드러진 풍경이 되어 가슴 시리도록 일깨우고 있었다.

🌿

구들방 거처에 돌아와 부뚜막에 장작불을 피웠다. 그리고 방 안에서 한참 동안을 물끄러미 앉아 있었다. 이윽고 나는 오랫동안 보관해 두었던 아버지의 유품들을 마당 평상에 늘어놓았다. 그것들은 주로 빛바랜 사진들과 육필 기록들과 생전에 쓰신 붓글씨들이었다.

전쟁 중에 함께 싸웠던 고향 전우들의 이름과 주소를 적어 놓은 것도 있었다. 아버지보다 먼저 떠난 사람들로 보이는 명단은 빨간 펜으로 그어져 있었다. 옛 기마대 전우들과 다시 만나 다섯 사람이 양복을 입은 채 각각 말 위에 올라타서 찍은 흑백사진도 보였다.

일제강점기 때 세워져 지금도 마을 어린이들이 다니는 그 초등학교를 아버지는 당시 17살 늦은 나이에 16회로 졸업했다는 전혀 몰랐던 사실도, 거의 부스러질 듯 얇아진 기록종이를 통해 알게 되었다.

　하지만 나는 이 모든 추억의 유품들을 찬찬히 살펴본 뒤에 모조리 소각했다. 아버지의 거의 마지막 무렵 사진 속 얼굴에도 입맞춤을 한 뒤 불길에 던져 넣었다. 남들이 봤다면 생뚱맞은 광경으로 보였겠지만 나로서는 진지한 의식에 가까웠다. 유품들을 모두 태우는 데에는 서너 시간이 지났다.

　마침내 흔적마저 사라지는 아버지를 나는 가슴에 깊이깊이 새겼다. 그러나 모양과 색깔과 크기로 새긴 게 아니었다. '사라짐'으로 새겼다. 사라짐으로 새겨진 것들은 결코 지울 수 없다.

　허공처럼 영원한 기록은 없다.

지리산 자락 구들방에서 아침마다 눈을 뜨면, 가차 없는 두 가지 현실이 나를 맞이한다.

그 하나는 오늘 하루를 어떻게 '살아갈' 것인가?, 다른 하나는 정확히 오늘 하루만큼 내가 또 '죽어갈' 것이라는 점이다.

나로서는 살아가야 한다는 쪽에 무게를 두면 마음이 이리저리 번잡해지는 것 같다. 그보다는 오히려 내가 죽어간다는 쪽에 초점을 맞추면 번잡함이 차분하게 가라앉는 것을 느낀다.

나에게는 나한테 벌어지는 일만이 유일하게 참다운 진실이다. 내가 내 안을 버리고 내 바깥을 취할 수는 없다. 내가 나한테 던지는 질문은 나에게는 세상의 다른 무엇보다 가장 절실한 것이다. 내 마음 안에서 일어나는 일과 내가 작동하는 방식이야말로 내가 해결을 봐야 할 남은 생애 최대의 현안이다.

은퇴 후 어느새 7년째에 접어들었지만 나는 스스로를 백수라고 여겨 본 적은 없다. 백수라는 말을 달가워하지 않는다. 그 말은 뭔가를 상실했다는 강박관념에서 비롯된 것 같아 마뜩지 않다. 그 말은 자기가 삶의 주인공이라는 주체성이 빠져 있다. 삶에 백수란 없다. 공수空手, 즉 '빈손'이라는 말은 저항 없이 받아들여진다. 나는 이제 공수 7단이다.

날이 갈수록 나는 내 삶의 '사라짐'과 '마감'에 점점 더 관심이 커져가는 것을 느낀다. 관심을 가져 보라고 누가 나의 등을 떠밀지 않았다. 그냥 내 마음이 그렇게 흘러간다.

🌿

올해 94살에 아직 정정하다는 친구 장인의 외마디가 귓전을 맴돌며 사무친다.

"시간을 보내는 게 정말 어렵고 힘들어!"

그의 삶도 한때 싱싱하고 역동적이었으며 치열했을 것이다. 하지만 인생고참이 된 그의 삶의 끝자락이 신나고 알차게 마무리되기는커녕 하루하루 시간 보내는 일이 무섭도록 지루해진 까닭은 무엇일까. 도대체 어디가 잘못된 것일까.

그 노인의 절절한 넋두리는 결코 그만의 일이 아니다. 그것은 바로 나에게 닥칠 수 있는 일이다. 그리고 당신에게도 언젠가 반드시 닥쳐올 태산 같은 마지막 숙제다.

나는 내가 점점 더 삶의 '준엄한' 지점에 다가서고 있는 것을 감지한다. 삶이 삶을 깨우고 삶이 삶을 다시 일으키는 그 지점 말이다.

이전의 나는 나를 둘러싼 온갖 삶의 푸닥거리들이 마침내 끝장날 때까지, 끝내 아무런 명함도 노릇도 없는 그저 목숨 붙어 숨 쉬는 한 인간으로 무장해제 될 때까지, 삶의 흐름과 가닥을 제대로 가누지 못한 채 질주해 왔을 뿐이다.

이제야 나는, 산다는 것이 내가 마감할 때까지 언제나 오로지 오늘 하루를 사는 일이라는 것을 알아차리기 시작했다. 이제야 나는, 인생은 날마다 흘러가는 강물에 지나지 않는다는 것에 겨우 눈을 뜨고는 지각생처럼 우물쭈물 두리번거리는 나를 바라보고 있다.

나는 내 삶에 늦은 저녁이 찾아와 이윽고 땅거미가 짙어지면 마침내 모든 것을 내려놓고 꼼짝없이 떠나야만 한다는 것을 일찌감치 까맣게 잊고 살아왔다. 이대로 허둥지둥 떠내려갈 수는 없다. 마음속이 해결 나지 못한 지금 이 상태로 헛되게 죽어갈 수는 없다. 나의 남은 시간들을 그렇게 물거품처럼 만들고 싶지 않다.

삶은 결국에는 '사라지는' 일이다. 몸을 떠나는 일이다. 세상에 나타나기 이전부터 그리고 세상으로부터 사라진 이후에도, 지구상의 모든 인간들에게 단 한 사람의 예외도 없이 버젓한 이러한 이치에 대해, 나도 당신도 가까스로 알고 있는 단 하나는 오직 '모른다'는 사실뿐이다.

온 세상을 떠들썩하게 만들었던 인공지능 '알파고'가 제아무리 진화를 거듭한다 해도 이 문제를 해결하는 일은 단언컨대 불가능할 것이다. 이것은 삶의 영원한 수수께끼다.

당신과 나는 어디서 왔는지에 대해 아는 바도 기억하는 바도 없다. 과연 어디로 사라질 것인지 삶의 '마감'에 대해서도 당신과 나는 아무런 사전체험 근거를 갖고 있지 못하다.

기껏해야 우리는 도대체 있는지 없는지 한 오라기 감도 잡을 수 없는 '떠난 뒤 맞이할 상황'을 아등바등 상상하면서, 자기가 각색한 위안을 합리화하거나 두려움과 불안 속에 허우적거릴 뿐이다.

그러면서 자기를 자기 자신한테 맡기는 일은 엄두도 내보지 못하고 자신을 내팽개친 채 삶을 다른 사람에게 내맡기는 경우가 허다하다.

하지만 다른 사람들이 지나는 길은 결코 '나'를 데려다주지 않는다. 지도나 안내가 나를 도착지점에 데려다 놓는 것은 아니다. 내가 발품을 팔아 내 발로 직접 걸어가야만 내 길이 드러날 것이다. 내가 나 혼자 걸어가야만 나의 도착지점이 나타날 것이다.

❦

산자락 내 거처 구들방에는 이부자리를 얹어 놓은 대나무 시렁 끄트머리에 작은 거울이 걸려 있다. 거울 바로 옆 황토벽에 언젠가 윤동주의 〈서시〉를 붙여 놓았다.

아침마다 세수를 마치고 나의 해묵은 얼굴을 들여다볼 때마다 거울 옆 그 윤동주가 나에게 말을 건넨다. 나는 아침마다 그 시를 읽어 내려간다. 그러다가 나의 시선은 언제나 맨 끝에서 두 번째 줄에 멈춘다.

'나한테 주어진 길을 걸어가야겠다'

당신과 나는 살아오면서 수많은 사람들의 '마감'을 수없이 목격했지만, 정작 당신과 나의 마감에 타인의 동참은 없다. 당신과 나는 홀로 마감해야 한다.

나의 '지리산 통신' 세 번째 이야기는 '사라짐'과 '마감'에 관한 나의 끊임없는 호기심을 따라간 내면의 궤적이다. 내 마음의 그 오솔길에 오늘 당신이 찾아왔다. 인연에 머리 숙여 감사드린다.

2016년 섬진강 매화꽃
다시 피었을 때 두 손 모음

구영회

사라져 아름답다

은퇴할 사람들과 은퇴한 사람들에게
띄우는 세 번째 지리산 통신

차 례

망덕 포구

세상살이에는 두 부류의 사람들이 있다. 장차 은퇴할 사람들과 그리고 마침내 은퇴한 사람들이다. 은퇴할 사람은 뒷날 언젠가 반드시 은퇴한 사람이 된다. 은퇴한 사람은 이전에는 은퇴할 사람이었다. 누구나 한때 어떤 일을 붙들고 살다가 끝내 일손을 놓게 된다.

당신이 앞으로 은퇴할 사람이든 이미 은퇴한 사람이든 '망덕 포구'를 찾아가면, 당신의 세상살이 또는 사람살이가 끄트머리에는 결국 어떻게 되는 것인지에 대해 감을 잡아 볼 수 있을 것이다. 망덕 포구는 삶에 대해 감 잡게 해 주는 곳이다.

망덕 포구가 아름다운 시인 윤동주와 인연이 있다는 사실을 아는 사람은 많지 않다. 전라도 땅끝 바닷가 마을이 머나면 만주 땅 북간도에까지 인연을 뻗은, 세상살이 인연의 그물망은 참으로 알 수 없고 신비하다.

이곳에서 자란 소년 '정병욱'은 일본에 나라를 빼앗긴 시절, 서울 연희전문학교에 입학하면서 북간도에서 공부하러 온 윤동주를 만나게 된다. 하늘이 맺어 준 두 사람은 지금의 청와대 부근 인왕산 자락에서 절친한 벗이자 선후배로 같은 하숙방을 쓰는 룸메이트가 된다.

일본 제국주의 치하에서 우리말 우리글로 쓴 시집을 출간할 수 없었던 윤동주는, 육필 원고 3부를 만들어 그중 한 부를 정병욱에게 맡긴다. 정병욱은 고향 망덕 포구 어머니한테 윤동주의 원고를 잘 숨겨 두라고 당부한다.

망덕 포구에까지 옮겨진 윤동주의 육필 원고는 해방 후 마침내 우리말 우리글 시집으로 세상에 나온다. 그 시집의 제목이 바로《하늘과 바람과 별과 시》다. 그 첫머리가 〈서시〉序詩다.

그 〈서시〉가 섬진강 아래 광양에서 70년 넘게 인연을 돌고 돌아, 섬진강 윗동네 지리산 자락 내 거처 구들방 황토벽에 붙어 있다. 인연의 조화를 그냥 우연이라고 가볍게 여기기엔 왠지 적절치 않은 것 같다.

🌿

망덕 포구는 전라남도 광양시 진월면에 있다. 그곳은 강의 끝이자 바다의 시작이다. 섬진강의 종말이자 남해 바다의 품이다.

전라북도 진안 땅 발원지 '데미샘'에서 2백 ㎞를 훨씬 넘도록 전라도 실핏줄을 모아 동맥이 된 섬진강은, 흐르고 또 흘러서 경상도 하동을 마지막으로 포옹한 뒤, 광양 망덕 포구에서 끝내 그 이름을 버리고 사라진다. 강은 끄트머리에 가면 이름을 버린다. 이름이 사라진다.

강이 이름을 버려야 하는 곳에는 바다가 기다리고 있다. '낮은 곳'을 향해 하염없이 흐르고 흐르던 섬진강은, 마침내 이름 없는 그냥 물이 되어 큰 바다에 고여 든다.

그 강의 이름이었던 섬진은, 바로 은퇴할 당신의 세상살이에 당신이 마지막으로 쥐고 있던 사회적 명함과 하나도 다를 바 없다. 은퇴할 당신은 세상에서 물러나면 명함을 버려야 한다. 그리고 은퇴한 당신은 그냥 다시 물이 될 뿐 명함이 없다.

망덕 포구는 이름을 버리는 곳답게 물살이 요란하지 않고 느릿느릿 잔잔하다. 세상살이 명함을 버린 당신의 삶도 끄트머리에 가면 결국 느릿느릿 잔잔해진다.

전남 광양시 진월면 망덕 포구

망덕 포구

그들은 거기에 나는 여기에

지리산엔 봄이 왔고 정치판엔 대목이 왔다.

나 없어도 잘 굴러가는 곳이기에 부질없는 호기심을 발동할 이유는 없었지만, 내 인생의 이런저런 길목에서 인연을 맺은 낯익은 꽤 여러 명의 얼굴들이 국회의원 선거판에 보였다.

어떤 이는 나라 전체에서 두 사람 중 최후의 한 사람을 고르는 일에 당사자였다가 인연이 닿지 않자 그의 고향 언저리에서 마지막 재기를 꾀해 보려고 뛰어든 것이었다.

또 어떤 이는 옛날식으로 말하자면 영의정에 책봉되

었다가 왕년의 끗발 덕에 돈을 왕창 벌어들인 게 목의 가시가 되는 바람에 날벼락처럼 며칠 만에 물러난 이후로 속을 태우며 살다가 권토중래의 야심에 다시 불을 댕긴 것이었다.

다른 이는 이번에도 승승장구를 통해 마침내 거물로 우뚝 서기 위해 동분서주하고 있었다. 그리고 포스터에 난생처음 얼굴을 내민 몇 사람은 이전과는 다른 방식으로 존재감을 확인해 보고 싶었던 모양이다.

나머지 몇몇은 그의 연락처 명단에 끼어 있는 나의 스마트폰에 처음 한참 동안 일방적인 SNS를 쉴 새 없이 띄우더니 초장에 좌절을 겪고 제 스스로 물러갔다.

나는 멀리 지리산에 있었고, 그들은 지리산에서 멀리 떨어진 도시에 있었다. 나는 벗어나 있었고, 그들은 뛰어들어 있었다. 나는 그들 한 사람 한 사람을 물끄러미 바라보았고, 그들은 초점 없이 불특정 다수를 향해 분주하게 혀와 몸을 놀리고 있었다.

이제 머지않아 이들 중 몇 사람은 목에 화환을 걸고 두 손을 높이 치켜들어 맹렬히 손을 흔든 뒤에 옷깃에 황금색 배지를 달고 거대한 돔 지붕 건물 앞마당에서 뒷좌석 차문을 열고 내려 대리석 바닥을 저벅저벅 울리며 보란 듯이 걸어갈 것이다.

그 순간 이후부터 그들은 곧바로 갑甲이 되어 심부름꾼 노릇은 까마득히 잊은 채 그리고 앞서 그 자리에 잠시 머물던 상당수 사람들이 사라지고 없다는 것을 까마득히 잊은 채, 영원토록 달콤할 것 같은 권세의 모르핀 주사에 몽롱해져 갈 것이다.

이제부터 장차 거기를 떠날 때까지 그들은 '혼자 있는' 상태를 철저히 상실한 채 꼭두새벽부터 자정 넘어서까지 수많은 사람들 틈바구니를 쉼 없이 오락가락할 것이다. 그들은 제 발로 뛰어든 빠르고 거센 물살에 휩쓸려 한참 동안을 그렇게 떠내려갈 것이다.

그러다가 어느 날 사람들의 식어 버린 관심에 머쓱

해하면서 풀 죽은 모습으로 지푸라기를 찾다가 그마저 여의치 않게 되면, 마침내 평범한 군중들 사이로 섞여 들 것이다.

내가 이런 이야기를 꺼낸 것은 정치하는 사람들을 깎아내리려는 뜻이 아니다. 어디서 무엇을 하든 심지어 제아무리 잘난 세월을 보냈더라도 삶은 냉엄하고 공평하게 흘러간다는 뜻이다.

삶은 깨어나는 과정이다. 가출자가 제 집에 돌아가는 일이다. 삶에 눈뜨고 삶의 본질과 특성을 알아차리는 데에는 공평하게도 신분과 위치의 순서가 없다. 삶의 끄트머리에는 가진 자와 누린 자의 특별석이 따로 없다.

내가 아는 그들은 저마다 놓인 거기에서 자기들의 삶을 겪은 끝에 무엇인가를 알게 될 것이다. 내가 놓인 이곳에서 나의 삶이 점차 윤곽을 드러내듯이.

세 번의 작별이 남긴 것

그놈이 구정 바로 전날 아침, 평소 그렇게 좋아하던 어묵조차 입에 대지 않으며 수상쩍게 굴더니 이윽고 뒷마당에서 조용히 세상을 하직했다는 소식을 한 달 뒤쯤 우연히 전해 듣고, 나는 잠시 숙연해졌다.

그리고 마음속으로 그놈의 명복을 빌어 주었다. 다음 생은 축생이 아닌 인간으로 태어나기를 기원했다. 나는 개를 키워 본 적은 없지만, 남이 키우던 개의 죽음에 마음이 짠해진 것은 이번이 처음이었다. 그 녀석이 너무나 인간처럼 행동한 능구렁이였기 때문일까.

'선명'은 네눈박이 잡종 땅개였다. 그 녀석은 보통

개와는 달리 무척 인상적이고 개성이 강한 행동을 많이 보여서, 마치 사람처럼 여겨졌던 기억들이 나에게도 남아 있다.

그 녀석이 생전에 불리던 별명은 사람으로 치면 고령자에 해당하는 18년 생애를 어떻게 살았는지를 단적으로 말해 준다. 그 별명들은 '이장님', '삐끼' 그리고 '플레이보이'였다.

그 녀석이 이장님으로 불린 것은, 산 너머 남원 땅 실상사實相寺 일대에서 그리고 산내면에서 그 지역 웬만한 동네유지보다 훨씬 더 높은 지명도를 가진 유명인

세 번의 작별이 남긴 것

사였기 때문이다. 툭하면 아침에 집을 빠져나가서 해
가 저물도록 온 동네방네를 날이면 날마다 어슬렁거리
며 휘젓고 다녔다.

그런데 그냥 다니기만 한 게 아니었다. 반경 수㎞
이내에 살고 있는 온갖 종류의 암캐들을 무슨 수를 썼
는지 기가 막히게 홀려서 기어코 합방까지 성사시키는
뛰어난 수완과 스태미너를 과시했다.

그 결과 그 일대에 전 생애에 걸쳐 무려 2백 마리가
넘는 후손을 만들어 견공 세계의 교류와 화합에 크게
이바지했다. 이 소문을 접한 어느 암자의 스님은 자동
차로 무려 30분쯤 걸리는 거리를 찾아와 그 녀석을 씨
받이로 삼는 일도 있었다.

그 녀석은 이름 있는 종자는 아니었지만, 용변을 아
무데나 함부로 보는 일이 없었다. 멀리 사람들 통행이
뜸한 개천 부근까지 가서 사람들 눈에 거슬리지 않게 일
을 처리했다.

후배는 선명이를 삐끼라고도 불렀다. 지나가는 손님들이 찻집 앞을 기웃거리면 재빨리 다가가서는 짖기는커녕 꼬리를 살랑살랑 살갑게 굴면서 특유의 애절한 눈빛을 보낸 뒤 주둥이로 길손의 정강이와 장딴지를 밀어 찻집 안으로 불러들였다. 길손들은 개 같지 않은 이 녀석의 행동에 홀라당 넘어가기 일쑤였다.

그 녀석의 능청스러움을 나도 여러 번 겪었다. 내가 가끔 후배를 찾아가서 삼겹살에 한잔 나누는 일이 벌어지면, 그 녀석은 소리도 없이 다가와 내 종아리를 주둥이로 툭툭 치곤 했다. 맛 좋고 냄새 좋은 삼겹살을 자기한테도 달라는 표시였다. 도저히 모른 체하기 어렵게 굴었다.

그 선명이가 떠난 것이었다. 그런데 엎친 데 덮친 격으로 그에 앞서 생을 마감한 녀석들이 둘이나 더 있었다.

후배는 불과 반년 사이에 연거푸 세 차례의 줄초상을 내리 치렀다는 것을 알게 되었다. 마치 함께 세상을 뜨기로 약속이나 한 것처럼 공교롭게도 개 두 마리와 고양이 한 마리가 후배 곁을 모조리 떠나고 없었다.

선명이가 떠나기 6개월 전 쯤 선명이와는 달리 인기척만 나면 잘 짖어대던 '흑매'라는 녀석이 먼저 떠났다. 그리고 선명이보다 두 주 전쯤에는 집고양이 '가필드'가 또 흑매의 뒤를 따라 하직했다. 선명이는 세 번째로 작별을 고한 것이었다.

후배는 다른 두 녀석보다 특히 선명이의 빈자리가 엄청 크게 느껴져서 한동안 멍하게 술로 달래며 지냈다고 속마음을 털어놓았다. 비록 인간이 아닌 동물들이었지만 한꺼번에 세 차례의 작별을 잇달아 겪다 보니, 자기 인생의 끄트머리에 대해서도 느껴지는 바가 무척 새삼스러워진 것 같았다.

그 일을 겪는 과정에서 처음에는 충격이, 이윽고 허전함과 쓸쓸함이, 나중에는 그 녀석들의 마감을 순순히 받아들이며 모든 걸 내려놓는 무심한 빈 마음이 되더라고 후배는 심경을 밝혔다.

많이 담백해진 듯 느껴졌다. 과정을 거치지 않고 어떤 계기도 없이 바로 담백할 수는 없을 것이다. 담백함은 체험을 정화하고 난 뒤의 결과물이다.

❧

나는 당신에게 이런 이야기를 그저 잡담 수준으로 들려주는 게 아니다. 개 두 마리와 고양이 한 마리가 아무리 연거푸 떠났어도 인간들에게는 그다지 중뿔난 관심사가 아닐 것이다. 하지만 당신과 나의 마감이 이미 확정되어 있듯이, 개도 떠나고 고양이도 떠나고 개구리도 개미도 결국 떠난다. 온 세상에서 지구상에서 몸뚱이를 가진 모든 생명체들의 맨 마지막 장면은 결국 떠나는 것이다.

무슨 조화인지 알 수 없지만 떠나게 되어 있으니 떠난다. 모든 사람은 모조리 한 치 앞을 모르고 살지만,

유일하게 확실한 것은 당신과 내가 '마감'한다는 사실이다. 73억 모든 사람에게 공평하게 적용되니 그야말로 보편적 진리다.

고작 그까짓 일 모를까 봐 개와 고양이 이야기까지 들먹이며 너스레를 떠느냐고 핀잔을 던질 사람이 있을지 모른다. 그러나 내가 말하고자 하는 포인트는, 누구나 알 만한 일을 거의 대부분이 까맣게 잊어버린 채 살아간다는 점이다.

바로 자기 인생에 가장 결정적인 것이며, 탄생에 이어 생애 최대의 사건이라고 할 만한 '마감'을 새까맣게 잊어버린 채 평생 그저 바삐 내달리기만 한다면, 도대체 어디를 향해서 가는 것일까. 무엇을 얻자고 그러는 것일까.

삶을 마감으로부터 역산하며 살아갈 줄 모르는 사람은, 마감에 접근할수록 끝내 갑자기 마감 앞에 서게 되었을 때 그야말로 속수무책일 수밖에 없을 것이다. 자기 삶의 최종적인 끝내기 앞에서 허둥지둥하게 된다면 생애 최대의 희극이자 비극이 될 것이다.

내가 알던 분 중에 상당히 유명했던 정치인이 있었다. 생전에 그 양반은 주변 사람들에게 농반진반으로 종종 자기의 사주팔자를 자랑삼아 이야기하곤 했다. 자기는 평생 무려 88가지의 벼슬을 하는 팔자를 타고났다는 것이었다. 그러면서 그동안 자기가 썼던 감투 종류를 쭉 열거하는 것을 본 적이 있다. 대단한 경력이었다.

그러던 그에게 어느 날 뜻밖에 마감의 신호가 찾아왔다. 상당히 진행된 암이었다. 그의 마지막이 얼마 남지 않았다는 전언을 들었을 때 무척 안쓰러운 얘기가 함께 들렸다. 이대로 죽을 수 없다며 크게 화를 내는 일이 부쩍 늘었다는 것이었다. 얼마 지나지 않아 끝내 그도 떠났다.

아주 짧지만 무척 여운을 남기는 엉뚱한 우화가 하나 있다.

나그네가 길을 걸어가고 있었다. 갑자기 말발굽 소

41

리가 요란하게 들려 돌아보니 누가 말에 채찍질을 퍼부으며 먼지가 뽀얗게 일어날 정도로 쏜살같이 달려 지나고 있었다. 나그네는 말 탄 사내에게 고함쳐 물었다.

"여보시오! 무슨 난리라도 났소? 어디를 그리 바삐 달려가는 것이오?"

말 탄 사내는 힐끗 보더니 소리치며 대답했다.

"나도 모르겠소! 그냥 달리는 것이오!"

그런데 이 우화는 당신과 나의 인생에서 그리고 우리 주변에서 실제로 너무나 흔하디흔하게 일어나는 희극이자 비극이다.

삶의 마감과 그 명명백백함을 까맣게 '잊고' 사느냐, 아니면 분명히 '새기고' 사느냐, 이 두 갈래 길의 과정과 도착점이 과연 똑같을까?

최종 마감시간이 닥쳤을 때 사람들이 짓는 표정과 관련해 붓다가 제자들에게 말했다.

"대부분의 사람들은 불안과 두려움 속에 얼굴을 찡그

리며 죽는다. 그러나 그렇지 않은 사람들이 있다. 이들은 평화롭게 미소 지으며 죽는다. 이들은 집착을 내려놓았으며 집착할 게 없는 삶의 이치를 안 사람들이다."

잘 새기는 사람은 그 자신이 바로 오늘 살다가 바로 오늘 떠날 수도 있다는 것을 준비해가고 있을 것이다. 그의 내면은 뭔가 예비되어 있을 것이다. 그 사람은 자기 인생의 순간순간을 최대한 완전연소하면서 가급적 남김없이 후회 없이 살아가려고 할 것이다.

그리고 붙드는 것들보다는 놓아 버리는 것들이 더 많아질 것이다. 마감 때가 되면 몸뚱이도 버려야 하고 재산도 권세도 명예도 심지어 가족까지도 모조리 남겨두고 떠나게 된다는 것을 그는 이미 알고 있을 것이다.

마감 때 챙겨야 할 것은 오직 자기 마음 하나라는 것을 그는 일찌감치 잘 알고 있을 것이다. 마감에 대해 잘 새겨진 사람은 까맣게 잊은 사람보다 삶을 훨씬 알차고 값지고 유익하게 살아갈 것이다.

세 번의 작별이 남긴 것

후배를 만난 뒤 뱀사골로 차를 몰아 큰 고개를 넘던 그날, 산비탈 구석진 곳에서 겨우내 그렇게 깊이 쌓였던 눈도 마침내 녹아 사라지고 있었다. 눈도 겨울을 마감하고 있었다.

잭슨의 선택

맨 처음 나는 그를 내 거처 대문 앞에서 맞닥뜨렸다. 대문을 나서다가 내 집 앞에 서성거리고 있는 웬 외국 남자를 마주쳤다. 순간 어리둥절했지만, 혹시 지나가는 관광객인가 싶어 서툰 영어로 말을 걸었다.

아니, 그 외국인의 응답에 나는 깜짝 놀랐다. 그는 유창한 한국말로 그것도 상당히 품격 있는 표현을 구사했다.

"말씀 편히 하세요. 저는 장○○이라고 합니다."

그의 말대로 나는 골치 아픈 영어 대신 편하게 이야기를 나누게 되었다. 덕분에 나는 그의 정체와 신상을 어느 정도 알게 되었다. 그는 관광객이 아니라 얼마 전 새로운 마을 주민이 되어 들어온 귀촌자였다.

우리 마을에 멀리 동남아에서 시집온 다문화가정은 몇 가구 있지만, 서양에서 멀리 태평양 건너 미국인이 귀촌한 것은 마을이 생긴 이래 처음이었다. 그러니 궁금증과 호기심이 발동해 이것저것 묻고 대답하면서 꽤 길게 초면인사를 나누었다.

그도 나처럼 더부룩한 턱수염이 있었지만, 외모에 비해서 나이 든 사람이었다. 나보다 몇 살 위였다. 곧 70이 될 참이었다. 어느 지방도시에서 대학교수를 지내다가 얼마 전 은퇴한 뒤, 사진 찍는 취미가 있어 지리산 일대를 다니다가 이 마을에 인연이 닿아서 아예 살려고 이사한 것이었다.

그는 1971년에 처음 한국 땅을 밟았다고 했다. 몇 년 뒤 미국에 돌아갔으나 한국이 너무 인상 깊어 오래지 않아 다시 돌아왔다고 했다. 그의 거처는 내 집 바로 아래 개울가 근처였다.

그리고 보니 이 마을에서 토박이 노인들을 빼고는 귀촌자 중에 남자 혼자서 지내는 사람은 그와 나 둘뿐이었다.

그러나 나는 서울에 가족들이 있는 데 비해 그는 싱글이라고 했다. 더 정확히 그의 표현을 빌리자면 그는 '총각'이었다. 그는 조용하고 눈에 잘 띄지 않는 편이었지만, 나는 그가 마을 주변에서 사진을 찍는 모습을 첫 대면 이후 가끔 본 적이 있다.

그의 미국식 이름을 알게 된 것은 마을잔치에서였다. 내가 미국식 본명을 묻자 그가 밝힌 이름은 무려 네 마디로 꽤 길었는데 결국 내 귀에 남은 것은 '잭슨'이라는 성뿐이었다.

내가 마을 어른들에게 다문화가정과는 성격이 다른 서양인 귀촌의 특별한 의미를 자못 진지하게 설명하자, 어른들은 고개를 크게 끄덕였고 잭슨은 만족스러운 표정을 지었다.

잔치마당에서 그는 처음에는 약간 어색해하면서 말수가 적더니, 내가 자꾸 말을 유도하고 노인들이 몇 잔 권하면서 말을 붙이자 편해진 듯 이윽고 농담까지 걸쭉하게 맞받아쳤다.

좌중의 한 할머니가 그가 자전거 타고 다니는 광경을 자주 봤다며 무슨 운동을 그리 열심히 하느냐고 일부러 다그치자, 잭슨의 대답이 걸작이었다.

"제가 총각인데요, 총각은 앞으로 무슨 인연이 생길지 모르니까 항상 체력을 튼튼하게 만들어야 됩니다. 그래서 자전거 운동도 열심히 합니다."

그의 넉살에 좌중은 왁자지껄 웃음을 터뜨렸고 잔치 분위기는 한층 흥이 높아졌다. 순박한 마을 이웃들은 그를 포근하게 맞아들였고, 그는 자연스럽게 마을사람들에게 섞여 갔다. 양쪽을 보니 내 마음도 덩달아 좋았다.

내가 잭슨에게 물었다.

"장 선생은 연세가 들어가는데 미국 고향이 그립지 않습니까? 앞으로 이런 한국 시골에 더 오래 머물 작정인가요?"

잭슨은 빙그레 웃더니 짧고 단호한 말투로 그렇다고 답했다. 그는 지리산에 아름다운 곳들이 무척 많다고 하면서 스마트폰으로 찍은 수많은 풍경 사진들을 보여 주었다.

잔치 끝 무렵 나는 조용히 자리를 빠져나와 구들방 거처로 돌아왔다. 나는 다시 혼자가 되었다. 잠시 잭슨의 삶에 대해 내 나름대로 사색해 보았다. 멀고 먼 타국에서 40년 이상을 가족 없이 혼자 지내 온 그의 흉내 내기 어려운 선택은, 지금쯤 무엇을 얻어 지니고 있을까.

홀로 지낸 세월이 그 정도로 긴 사람은, 아마도 암자의 스님이나 수도원의 수사 못지않은 내면의 깊은 우물이 있을 것이라는 생각이 들었다.

나의 경우 직장 시절 30대 후반부터 틈만 나면 서울

에서 지리산을 찾아와 혼자 있는 시간을 가진 적이 무척 많았다. 혼자 고요함 속에 놓이는 것은, 나의 체험에 비춰 볼 때 내가 나를 마주하는 일이었다. 내가 나를 들여다보는 일이었다. 그리고 그것은 마음속 무엇인가를 끝없이 걸러내는 일이었다. 그것은 일종의 불순물 정화였다. 채우기가 아니라 비워내기였다.

잭슨도 분명히 마찬가지 시간들을 보냈을 것이다. 그의 내면에서도 언젠가부터 안개가 걷히면서 조용한 오솔길이 드러났을 것이다. 그는 그 오솔길을 끊임없이 드나들었을 것이다. 그러다 그 또한 끊임없이 오솔길을 혼자 걷는 그의 마음속 '그자'의 흔적을 발견했을 것이다.

아마도 잭슨은 알고 있을 듯하다. 인생의 저녁 무렵 삶의 끝자락 언저리에서는, 몸뚱이가 놓인 장소가 미국이든 지리산 골짜기이든 그게 중요한 게 아니라, 마음속 '그자'가 번잡한지 아니면 고요한지, 그것이 훨씬 의미가 크다는 것을…. '그자'가 삶의 방향을 잡는다는 것을….

51

잭슨의 선택

아쉬움

'이제 와 돌이켜 보면 별일도 아니었던 것을 그때는 뭘 위해 그다지 붙들고 살았을까?'

산자락 비탈진 마을을 옆에 끼고 곧게 뻗은 둘레길 중간에 수백 년 묵은 느티나무가 봄 여름 가을 겨울 할 것 없이 언제나 마을 전체 풍경의 중심을 잡으며 크게 한눈에 들어온다.

이 느티나무가 만들어내는 풍경 중에서, 특히 따뜻한 봄날이나 무더운 여름날에 나무 그늘 아래 마을 노인들이 옹기종기 모여 앉아 두런두런 이야기를 나누는 모습을 바라보면, 나도 모르게 미소가 피어오르고 내

아쉬움

마음은 그렇게 잔잔하고 평화로워진다.

우람한 느티나무와 해묵은 인생들이 한데 어우러진 광경은 정말 아름답다. 아! 너무도 아름답다.

나는 마을을 오르내리다가 이 광경을 볼 때마다 내가 볼 수 있다는 것에 무척 감사함을 느낀다. 그래서 나는 추위가 물러가고 마을 여기저기에 봄꽃이 피어나는 계절이 되면 이 풍경을 어서 보고 싶어져서 설렐 지경이다.

나는 이런 풍경이 너무 좋아서, 그리고 내가 그 풍경 속 작은 소품처럼 놓인 것이 너무 뿌듯해서, 어쩔 때는 한참 멀리 떨어진 면 소재지 작은 가게나 아니면 더 멀리 있는 읍내 농협마트까지 단숨에 차를 몰아, 노인들이 즐길 만한 사탕이나 빵 또는 아이스케이크나 수박 같은 주전부리를 얼른 챙긴 뒤 그 느티나무에 되돌아와서는 노인들에게 드릴 때가 종종 있다.

한마디로 나는 그 풍경이 오래가도록 부추기는 것이다.

어느 해 무더운 여름날 한낮이었다.

그날 느티나무 아래에서는 마을 할머니들 대여섯 분이 큰소리로 왁자지껄 놀고 있었다. 어떤 양반은 무릎을 치면서 크게 웃기도 했다. 무척 재미있는 이야기를 나누고 있는가 싶었다.

아까 마을을 나설 때 느티나무 놀이터 풍경을 이미 보았던 나는, 노인들에게 시원한 아이스케이크를 갖다 드리면 좋아하실 것이란 생각에 읍내까지 가서 챙겨들고는, 행여 녹을세라 쏜살같이 되돌아와 한 분 한 분에게 한 개씩 내밀었다.

노인들은 역시 무척 좋아하셨다. 그 양반들은 느티나무 아래에서 막걸리를 마시고 있었다. 할머니들은 나를 반기며 특유의 구수한 농담을 던졌다.

"어이! 자네는 우리 마을서 노인들 잘 챙기고 싸가지가 좋다고 칭찬들을 많이 혀! 지금 우리 여자들끼리 재미난 야그를 허는 중이라 남자들은 아예 끼어 주지도 않는디 자네는 특별대우 허니께 이리 와서 막걸리 한 잔 받어!"

꽁무니를 뺄 수도 없는 상황에 나는 막걸리 잔을 건네받아 마시며 잠시 자리에 끼었다. 얼핏 들으니 할매 누님들은 아까부터 자기들 처녀시절 추억담을 나누고 있었던 모양이었다.

"아야, 아까 허던 야그 재밌던디 계속혀 봐! 긍게 그날 밤 저그 보리밭서 그 머시매랑 시방 어찌케 되야써?"

"하이고 언니는⋯ 부끄럽구마⋯."

"옘병! 인자 쪼글 할망탱이가 다 되야부럿는디 부끄럽기는⋯ 어서 혀봐! 야그는 끝내야제!"

잠시 망설이던 그 할매는 다시 입을 열었다.

"아, 긍게 입만 맞추고는 더 이상 못 허것드랑게. 무섭기도 허고 나중에 동네사람 알먼 난리 나불 것 아녀? 애먼 보리싹들만 자빠져부렸제."

"하이고! 사고 쳐불제 그랬냐? 옘병, 세월 지나고 봉께 아무것도 아닌디 …. 그때 추억이라도 잘 맹글었으면 좋았을 것인디 …. 이렇게 나중에 썩어 나자빠질 몸뚱아리가 머시 그리 아깝다고 …. "

순간 좌중에 숙연함이 감돌았다. 한 양반이 얼른 수습에 나섰다.

"아따! 오늘 덥기는 헌디 날이 참 좋구마! 자, 한잔 또 들세."

그때 나는 노인들의 눈시울이 촉촉해지는 것을 알아차리고는 스스로 민망해져서 서둘러 인사하고 물러났다. 마을길을 올라가는 동안 가슴 한구석이 자꾸만 시큰거렸다.

❦

돌아본 인생길에는 누구에게나 아쉬움과 미련이 남아 있기 마련이다. 겪어 보기도 전에 미리 알고 훗날 후회

나 아쉬움의 싹이 될 만한 것들을 아예 그 당시에 없애 버리는 그런 완벽한 인간은 극히 드물 것이다.

만약 그럴 수 있다 하더라도 완벽함은 오히려 인생의 재미를 훨씬 반감시킬 것이다. 치밀한 사람보다는 어딘가 채워 줄 구석이 보이는 사람에게 더 마음이 끌리는 것은 인지상정人之常情이다.

항상 뭔가 성에 덜 차서 모자라고 흔들리고 찌꺼기가 남기에, 훗날 그 부분을 곱씹으며 아쉬움과 미련으로 다시 채워 마무리하는 것일지 모른다. 삶은 발효와 숙성의 시간을 필요로 한다. 즉석에서 완성되는 효소는 없다.

삶에 아쉬워 할 일이 없다면, 추억은 향기를 잃게 될 것이다. 때로 아쉬움은 지나간 것들의 의미를 완성한다.

높은 곳

사람들은 대부분 철이 없는 편이다. 출세한 사람이나 심지어 평범한 사람도 항상 자기를 높은 곳에 두고 산다. 그러면서 다른 사람들과 세상을 내려다보거나 얕잡아 보며 살아간다.

이 짓을 하는 범인은 '에고'다. 에고는 자기가 자기에게 깜박 속아서 스스로 각색하고 스스로 연출 감독이 되고 배우 노릇까지 다 하는 1인 3역의 '가짜'다. 에고는 가짜다. 그것은 원래의 당신이 아니다. 본디 당신은 그런 사람이 아니다. 나도 마찬가지다.

사람들은 자기 안에 여태 한 번도 만나 본 적이 없

는, 그래서 그것이 자기 내면에 있는 줄도 모르는, 그동안 사용해 본 적이 없는, 깨끗하고 맑고 밝은 '존재의 바탕'이 있다는 것을 까마득히 모른다.

당신이 고요한 상태에서 당신 내면을 물끄러미 바라볼 때, 당신이 혼자만의 시간에 놓여 있을 때, 당신 안에서 쉼 없이 떠들고 소란을 피우던 자가 마침내 침묵할 때, 그래도 당신 안에 항상 남아 있는 '그자'! 당신은 모르고 살았지만 단 한순간도 당신을 떠나 본 적 없는 '그자'!

당신 안에서 당신을 물끄러미 바라보는 '그자'가 바로 에고가 아닌 본래의 당신이다.

본래의 당신을 만날 때 당신은 철이 든다. 본래의 당신에게는 높은 곳과 낮은 곳이 따로 없다. 본래의 당신에게는 구분이 따로 없다. 본래의 당신은 높은 곳에도 낮은 곳에도 머무는 일 없이 언제나 여여如如하다. 그냥 있던 그대로 있는 그대로다.

당신의 인생과 당신의 삶은 본래의 당신을 만나러 가는 과정이다. 본래의 당신에게 눈을 뜨기까지의 방황이다. 당신은 사실은 가출자다. 당신은 종국적으로 귀가하기 위해 나돌아 다니는 것이다. 삶은 '제정신'을 찾기에 앞서 미로迷路를 헤매도록 입력되어 있는 숨바꼭질 시스템이다.

인공지능 컴퓨터 '알파고'라 할지라도 앞으로 영원히 본래의 당신처럼 될 수 없다. 그것은 불가능하다. 세상이 수천 번 바뀌어도 '맑고 밝은 것'을 능가할 수 없다. 본래 그렇게 돼 있기 때문이다. 이것은 당신과 내가 풀 수 없는 수수께끼다.

✦

당신과 내가 익히 이름을 알고 있는 그 양반은, 돈에 관한 한 나라 안에서 최고로 높은 곳에 있었다. 그는 그 그룹 안에서 황제나 마찬가지였다. 그룹 사람들에게 그의 생각과 말은 법보다 훨씬 높은 곳에 있었다.

어느 날 그에게 낮은 곳으로 내려갈 계기가 찾아왔다. 그는 병원에 있어야 했으며, 그가 이전에 가졌던 엄청난 명함을 내려놓고 단순한 환자로 탈바꿈했다.

A는 높은 벼슬에 올랐다. 때가 되어 결국 그는 높은 곳에서 입던 옷을 벗었다. 그는 썰렁한 허탈감을 느꼈다. 그는 내려가는 것을 도저히 받아들일 수 없었다. 다시 그는 적당히 높은 곳을 발견하고 있는 힘을 다해 거기에 앉았다.

그는 자기가 놓인 곳이 어느 위치인지 무척 확인하고 싶었다. 그는 자기 스스로 자기 자신을 확인하는 방법을 전혀 모르고 있었다. 그는 툭하면 자기 바깥의 것들을 통해서만, 다른 사람들의 반응을 통해서만 보이는 자기의 그림자 얼굴에 빠져 나르키소스가 되었다.

그는 자기가 힘을 가진 높은 곳에 있다고 믿었다. 그리고 더불어 돈까지 있다면 금상첨화錦上添花가 될 것이라고 생각했다. 그렇게 살던 그에게 어느 날 말썽이 찾아왔다. 그는 의심의 눈초리가 날카로워진 비리 수사대상에 올랐다. 그가 올랐던 계단은 무너지기 시작했다.

B는 재능이 뛰어났고 수완이 좋았다. 사람들의 눈길이 그에게 쏠렸고 박수를 쳤다. 정작 그는 자기 자신에게 눈길을 돌린 적은 없었다. 그는 툭하면 자기를 높은 곳에 두면서 사람들과 세상을 내려다보았다.

그는 자기의 재능이 사람들에게 잘 먹혀든다고 여기면서 사실은 자기가 놓인 곳이 다른 사람들의 관심 덕분이라는 것을 까맣게 잊고는, 한참 세월을 감사할 줄 모르며 살았다.

어느 날부터 그의 시력이 곤두박질하면서 사물을 분간하기도 어려워졌다. 그는 실제로 장님이 되어가고 있었다. 의사는 그에게 모든 일을 그만둘 것을 권유했다. 끝내 그는 그가 지내던 높은 곳에서 내려올 수밖에 없었다. 그는 이제 보통사람들의 시력이 무척 부러웠다.

높은 곳

당신 바깥의 높은 곳은 헛자리다. 당신이 생각을 당신의 내면이 아닌 당신 바깥의 높은 곳, 다시 말해 돈, 권세, 명예, 행세 같은 것들에 두었다면, 당신은 틀림없이 잘못 놓인 것이다. 자신이 잘못 놓였다는 것을 뒤늦게라도 깨우친다면 그나마 행운이다.

내내 깨닫지 못하고 인생을 막바지까지 낭비하는 사람들도 수두룩하다. 자기의 내면을 들여다보지 못한 채 바깥을 향해 질주하는 인생은, 마감시간이 다 돼서야 심각한 허탈과 후회에 떨어진다. 애당초 어긋난 방향이 어긋남을 이미 크게 벌려 놓았기 때문이다. 되돌아갈 수 없기 때문이다. 삶은 편집을 허용하지 않는다.

당신이 생각하는 높은 곳은 진짜 당신이 아니라 겉옷이며 조끼에 불과하다. 당신은 언젠가 그 겉옷을 기필코 벗게 돼 있다. 훗날 당신의 묘비墓碑에 아무리 화려한 경력이 새겨져 있어도, 그것을 읽는 사람은 살아 있는 다른 사람이지 죽은 당신은 아니다.

삶에는 높은 곳 낮은 곳이 없다. 그 이치를 빨리 알아차릴수록 당신과 나의 삶은 평온함이 커질 것이다. 베트남을 통일한 호치민은 겉으로는 가장 높은 곳에 있었지만, 그는 자기 내면에는 높은 곳이 없다는 것을 알고 있었다.

그는 국가주석의 일과가 끝나면 가끔 경호원도 뿌리치고 혼자 시장 구경을 다니곤 했다. 사람들은 그를 주석主席이라는 이름보다 훨씬 더 높은 최상급의 호칭으로 불렀다. 그 호칭은 그냥 '할아버지'였다. 그는 그 호칭을 퍽 좋아했다.

물은 높은 곳에 머무는 법이 없다. 물은 마침내 수평을 이룰 때까지 멈추지 않고 흘러내린다. 당신과 내가 삶의 수평점을 찾는다면, 거기가 바로 참답게 높은 곳이다. 그곳은 바깥이 아니라 안에 있다. 그 수평점의 이름은 '본래의 당신'이다.

그럼에도 불구하고 대개의 사람들은 오늘도 명함을 손에 꼭 쥔 채 다른 한 손으로 의자의 팔걸이를 꽉 잡은 채, 높은 곳에서 마침내 쫓겨날 때까지 머물려고 한다. 그 광경을 보는 사람들마저도 그것을 부러워한다.

사람들은 야무진 척해도 신기루 속에 산다. 사람들은 철이 없다.

섬진강변에서

신발 밑창에 섬진강 벚꽃 잎들이 묻어 있었다. 잠시 서울에 들러 집 현관에서 신발을 벗다가, 몇 시간 전 섬진강변길 위에 수북이 떨어져 있던 그 꽃잎들이 신발 밑창에 묻어 나를 서울까지 따라온 것을 알게 되었다. 나는 그것들을 털어내지 않고 그냥 내버려두었다.

아까 오전에 나는 섬진강변에 있었다. 마을을 나서 들길을 달리다가 불과 하루 이틀 사이 흐드러지게 피어난 가로수 벚꽃들이 눈에 한가득 들어오는 순간, 나는 고속도로 나들목 방향으로 가던 차의 방향을 바꿔 섬진강변을 한 바퀴 더 둘러보기로 했다.

밤사이 비가 꽤 내리더니 아침이 되어서도 빗발은 멈추지 않았다. 이제 또 비바람이 불어닥치면 올해 벚꽃은 더 이상 오래 버티지 못하고 사라질 처지였다. 내가 서울에 갔다가 돌아올 때쯤이면, 벚꽃들은 이미 지고 없을 것 같았다.

나는 벚꽃 천지인 섬진강 풍경을 가슴에 또 새기고 싶었다. 비에 젖은 꽃잎들은 엷은 분홍빛을 더욱 강렬하게 보이게 했고, 틈틈이 새하얀 꽃잎들은 분홍빛과 대조를 이루며 서로 도드라졌다. 나무줄기와 가지들 또한 진한 검정으로 눈길을 잡아끌었다.

지리산 계곡 방향으로 꺾어들어 화개 벚꽃들이 만들어 놓은 긴 꽃 터널을 지날 때, 이곳에서 함께했던 옛 얼굴들이 문득 떠올랐다. 한껏 설렘과 흥겨움을 나누었던 그 시절 그 얼굴들과 그 마음들 …. 그러나 풍경만 무심할 뿐 옛 사람들은 온데간데없었다. 꽃은 여전했지만 나는 혼자였다.

비에 젖은 차창에 꽃잎들이 후두둑 떨어져 달라붙었
다. 바람이 꽃비를 뿌렸다. 길가 나무들 아래에는 무
수한 꽃잎들이 쌓여가고 있었다. 꽃잎들은 피어나면
서 동시에 지고 있었다.

　피면서 지는 꽃잎들을 보는 순간, 내 인생도 저 꽃잎
을 여지없이 닮았다는 생각에 사로잡혔다. 나도 영락
없는 꽃잎 신세였다. 꽃이 다시 피었듯이 여전히 살아
가고 있는 나는, 그러나 동시에 꽃이 지듯이 달리 어찌

섬진강변에서

할 도리 없이 마감을 향해 기울고 있었다. 나 또한 한 순간의 개화이자 사라짐 그 자체였다.

꽃의 탄생은 곧 꽃의 마감을 의미했다. 세상에 태어난 것들은 다시 사라져야 할 운명이었다. 눈에 보이는 것들은 어느 날 보이지 않는 길을 떠나야 하는 것들이었다. 보임과 사라짐은 결국 같은 작용이었다.

살아가면서 살아오면서 지금까지 나의 몸뚱이와 마음에 그리고 나의 안팎에 덕지덕지 달라붙은 일체의 모든 것들은 결국 나를 떠나 빠져나갈 것들이었다. 나는 벚꽃의 개화와 낙화 앞에서, 나를 둘러싼 그 이치를 더욱 뚜렷하고 절실하게 배우고 있었다.

잠시 길옆에 차를 멈추고 내렸다. 왠지 조금 걷고 싶었다. 나는 내 앞에 펼쳐진 풍경들을 찬찬히 두리번거리며 어슬렁 발걸음을 옮겼다. 이것으로 올해의 벚꽃 구경이 끝이라면, 나는 또 1년을 기다려야 할 것이었다. 올해 구경이 지나가면 앞으로 남은 길이가 얼마일

섬진강변에서

지 알 수 없는 나의 여생 동안에, 해마다 단 한 번 주어지는 구경의 횟수가 또 줄어들 것이었다.

하지만 미련이나 집착 같은 감정은 아니었다. 그냥 내 앞에 펼쳐졌으니 바라볼 뿐이었다. 나는 스마트폰을 꺼내어 풍경들을 담았다. 그리고 가족들과 몇몇 친구들에게 전송했다.

이윽고 카톡 창에 친구의 답장이 떴다. 그 친구는 왠지 마음이 서글퍼진다고 적어 보냈다. 얼마 전 아버지를 떠나보내고 마침 어머니와 함께 어머니의 옛 고향을 사실상 마지막 보러 가시는 길에 동행중이라고 했다. 공교롭게 그 친구도 인생길의 덧없음을 확인하는 중이었다.

하지만 나로서는 그다지 슬픈 감정은 일어나지 않았다. 마음 한구석에 아련한 그 무엇이 약한 전류처럼 흐르는 것을 느꼈지만, 마음이 송두리째 슬픔에 빠지지는 않았다. 그보다는 오히려 담담함에 더 가까웠다.

이치가 원래 그런 것을 내 마음은 대체로 순순히 받아들이고 있었다. 예전처럼 어떤 각색된 감정들은 더이상 나를 파고들지 못했다. 내가 이전보다 많이 달라진 것일까. 많이 걸러진 것일까. 많이 비워진 것일까. 아무튼 나는 담담한 편이었다.

자동차를 세워 둔 곳으로 터벅터벅 되돌아가며 강변 풍경을 바라보다가, 나는 천지 모든 자연 빛깔 중에서 내가 가장 마음 끌리는 그 빛깔을 발견하고 걸음을 멈추었다. 그것은 첫봄 첫햇살에 마침내 망울을 비집고 세상에 나온 첫 이파리들이 머금고 있는 연두 빛깔이었다.

아! 어쩌면 저런 빛깔이 있을 수가!

나는 그 빛깔을 어린 시절부터 줄곧 변함없이 좋아했다. 어른이 되어서는 특히 강변에 아침햇살이 투명하게 뚫고 지나가는 그 어린 나뭇잎 새싹들을 바라보는 일은, 나에게 더없는 충만함을 가져다주곤 했다.

73

나는 그 표현하기 힘든 연두 빛깔과 그 사이로 반짝이며 흐르는 강물과 건너편 둑에 아스라이 피어난 벚꽃과 개나리와 진달래에 한참 동안 멍하니 빠져들었다. 나는 그 풍경과 하나가 되어 있었다. 보이는 것들과 보는 내가 별개가 아니었다.

꽃이 피어난 봄날 아침 섬진강변을 거닐어 보라! 지는 꽃잎에 잠시 슬픔에 젖어도 상관없다. 그러다가 햇살 머금은 투명한 연둣빛 이파리들을 물끄러미 바라보라! 그 순간들은 내려앉은 당신의 삶을 다시 일으켜 세울지 모른다.

서울역

역구내를 오가는 사람들의 차림새는 대체로 깔끔했다. 대부분 분주하게 움직이고 있었다. 잠시 후 내가 역 바깥에서 우연히 맞닥뜨린 장면들과는 너무나 대조적이었다. 그 뚜렷하고 묘한 느낌의 콘트라스트가 나를 파고들었다. 아마도 훗날까지 인상 깊게 남을 것 같았다.

내가 기다리는 열차가 도착하려면 아직 30분가량 남아 있었다. 역 앞 광장으로 나가서 구경삼아 어슬렁거리다가 돌아오면 대충 시간이 때워질 것 같았다. 게다가 모처럼 오랜만에 서울역에 온 김에 그동안 광장의 모습과 풍경이 얼마나 변했는지 느껴 보는 것도 괜찮을 듯 했다.

내가 잠시 서울에 머무는 동안 객지에 여행 갔다가 돌아오는 집사람을 마중하러 나간 참이었다. 광장으로 연결된 계단을 내려갔다.

광장에 내려서자마자 특이한 광경이 눈길을 잡아끌었다. 저만치 떨어진 곳에서 역구내의 행인들과는 차림새가 뚜렷이 차이 나는 노숙자로 보이는 사람들 30여 명이 긴 줄을 서 있었다. 무슨 일인가 싶어 그 행렬의 맨 앞쪽으로 눈길을 옮기다가, 나는 별난 광경을 목격하게 되었다.

한국사람이 아닌 젊은 외국인 남녀 10명쯤이, 줄 선 사람들에게 뭔가를 나눠 주고 있었다. 호기심에 가까이 가 보니 그들 중에 한국사람은 단 한 명도 없었다. 그들은 자기들끼리 영어로 주고받으며 소리 내어 자주 웃었다. 내가 보기에 미국사람들임에 틀림없었다.

통일된 유니폼을 입은 것도 아니고 모두 각자 편한 사복차림이었다. 더구나 자기들을 알리는 아무런 표지도 보이지 않아 어느 단체에서 나온 사람들인지 정체는 알 길이 없었다.

그들은 투명한 비닐봉지에 몇 가지 먹거리들을 담아서 행렬의 순서대로 나눠 주고 있었다. 물건을 받아 나오는 사람이 치켜든 봉지를 얼핏 살피니, 요구르트와 은박지에 싼 김밥 그리고 과자 같은 것들이 보였다.

그들은 먹을 것을 받아가는 사람의 손등에 펜으로 표식을 했다. 그러다가 어떤 노숙자가 물건을 받으려 하자 그의 손등에 이미 적힌 표식을 가리키며 내줄 수 없다는 듯 단호한 표정으로 그냥 가라고 손짓했다.

지적을 받은 그 늙은 사내는 머쓱한 표정으로 순순히 물러났다. 그러면서 자기 손등을 연신 문질렀다. 그의 얼굴 표정은 손등 표식을 미리 감쪽같이 지우지 못한 것을 자책하는 듯 했다. 아마 그는 먹을 것을 한

77

번 더 타려다가 발각된 모양이었다.

하지만 그 상황에서 내가 끼어들거나 딱히 해야 할 일이 없다는 데에 생각이 미치자, 나는 더 이상의 관심을 멈추고 발길을 돌렸다.

광장 중간쯤에 이르자 이번엔 커다란 사각형 모양의 대형 스피커들이 여러 개 늘어선 광경이 보였다. 그 부근에서 몇 사람이 웅성거리고 있었다.

이들을 지나치면서 스피커 옆에 걸어 놓은 현수막을 보니, 마침 잠시 뒤부터 어느 노조의 집회가 이곳에서 열릴 예정이었다. 리허설 음악으로 귀에 익은 듯한 노동가의 멜로디가 흘러나왔다.

나의 맞은편에서 나이 지긋해 보이는 말쑥한 외국인 관광객 남녀 한 쌍이 걸어오고 있었다. 둘은 눈앞의 어수선하고 왁자지껄한 풍경에 전혀 개의치 않는 듯 다소 무심한 표정이었다.

나는 파출소를 지나 광장이 거의 끝나는 곳까지 두

리번거리며 걸었다. 거기에는 역시 노숙자로 보이는 몇 사람이 앉아서 얘기하고 있었다. 조금 떨어진 곳에선 커플 티셔츠를 입은 꼬마 형제가 포즈를 취하는 장면을 어머니가 카메라에 담고 있었다.

시간을 보니 마중할 플랫폼으로 되돌아가야 할 즈음이었다. 나는 발걸음을 되돌렸다. 가는 길에 자동차도로에 인접한 가로수 앞에서 70대로 보이는 늙은 노숙자 셋이 낮술을 마시고 있었다. 함부로 버린 빈 소주병 서너 개가 나뒹굴고 있는 게 보였다.

그들 바로 옆 도로에서는 때마침 선거를 며칠 앞둔 유세 차량이 스피커를 크게 틀어 놓은 채 저속으로 지나가고 있었다. 그 스피커는 녹음된 후보의 음성을 낭랑하게 쏟아냈다. 그중 한토막이 내 귀에 꽂혔다.

"… 여러분들을 반드시 행복하게 만들어 드리기 위해 저의 모든 것을 다 바치겠습니다. …"

다시 역구내 로비에 들어서서 걸어가는 길지 않은 시간의 틈새 속에서, 그리고 수많은 사람들로 북적거리는 공간 속에서, 어느 순간 귀가 먹먹하니 온갖 소리들이 사라지더니 사람들의 모습이 마치 정지된 화면처럼 아니 슬로비디오처럼 펼쳐지는 느낌에 사로잡혔다.

그리고 잠시 후 플랫폼에 서서 기차를 기다리는 동안, 매우 엉뚱하게도 어느 영화의 한 장면이 불쑥 기습적으로 떠올랐다. 갑자기 왜 그런 기억이 난데없이 되살아난 것일까. 그것은 아주 오래전에 유명했던 마피아 영화 '대부'의 맨 마지막 장면이었다.

파란만장했던 인생이 끝내 저물어가는 늙은이가 되어 버린 옛 두목 '콜레오네'는, 돌아온 고향 시칠리아의 마을 마당 한구석에서 햇볕을 쪼이며 혼자 의자에 앉아 회상에 잠긴다. 그는 지나간 옛일들을 떠올리다가 잠시 후 고개를 옆으로 꺾더니 조용히 바닥에 쓰러져 숨을 거둔다.

그 옆을 서성이던 강아지가 죽은 콜레오네 주변을 얼쩡거린다. 그의 곁에 살아 있는 강아지의 무심함과 무지함은 마감을 더욱 강렬한 것으로 각인한다.

돈, 권력, 복수, 사랑 그리고 가족…. 한평생 목숨 걸고 처절하게 매달렸던 모든 것들을 뒤로 한 채 그는 그 어떤 동행도 없이 그가 살아온 결과만을 지니고서 홀로 세상을 마감한다.

❧

당신이 어떤 인생을 살았든 당신도 나도 어느 날 콜레오네와 마찬가지로 홀로 세상을 떠날 것이다. 누가 곁에서 임종을 지켜보든 아니든 관계없이 혼자 마감할 것이다.

기차역 로비에서 스쳐 지나간 그 수많은 사람들도 그럴 것이다. 인생이 잘못 꼬여 버린 광장의 그 노숙자들도 그리고 자선을 베풀었던 그 외국인들도 세월이 지나 어느 날 각각 혼자 마감할 것이다.

못 살겠다고 부르짖던 그 노동자들도, 행복한 순간을 누렸던 그 아이들과 엄마도, 황혼여행에 나섰던 그 외국인 부부도 때가 되면 세상에서 보이지 않게 될 것이다.

사람의 마감은 인생의 과정을 캐묻는 법 없이 어느 날 조용히 누구에게나 공평하게 찾아온다. 떠나는 사람이 아무리 요란하게 굴어도 마감은 물러서지 않고 숨을 거두어 간다. 마감은 시간을 예고하지 않지만 세상에서 가장 확실하고 분명한 매듭이다.

당신과 나는 나이에 상관없이 언제나 마감과 함께 있다. 마감은 태어날 때부터 당신과 나의 평생 동반자다. 마감은 한순간도 우리를 떠난 적이 없다. 마감은 우리와 가장 가까운 거리에서 언제라도 마감할 태세를 갖추고 있다.

뒤집어 보면 마감은 삶의 '절정'이다. 역산하면 마감

으로부터 삶이 펼쳐진다. 마감은 삶을 강렬함으로 이끌어내는 촉매다. 마감은 사라짐을 보여줌으로써 삶이 소중하고 아름답다는 것을 가르쳐 주는 고마운 스승이다.

내가 시시각각 마감과 함께 있다는 것을 까마득하게 잊어버린다면, 나의 삶은 교만함의 극치를 달릴 것이다. 마감은 나의 삶이 완전연소 될 수 있다는 것을 깨우쳐 주는 완벽한 장치다. 마감은 결국 소용없어지는 것들을 알게 함으로써 삶이 엉뚱한 곳에서 시달리고 헤매는 낭비와 헛발질을 줄여 준다.

얼마 전까지 우리들 곁에 머물렀다가 사라진 노인 '박경리'는, 치열했던 삶의 마감을 향해 다가가는 과정에서 당신과 나에게 이렇게 귀띔했다.

"버리고 갈 것만 남아서 참 홀가분하다."

그날 서울역에 간 내가 왜 '마감'으로 접속된 것인지 나는 이유를 모른다.

어금니

약 60년 동안 나랑 한 몸이었던 것이 결국 나를 떠나갔다. 내가 기쁠 때나 슬플 때나 심지어 무덤덤할 때에도, 내가 깨어 있든 잠을 자고 있든 그 어떤 순간에도 나랑 함께 있으면서 나를 보필했던 그것이 마침내 나로부터 떨어져 나간 일은, 장한 순직殉職이라 해도 지나칠 게 없었다.

사실 이날은 서울 볼일을 마치고 다시 지리산으로 내려가려고 한 날이어서, 아침에 집을 나설 때 다녀오마고 가족들에게 인사까지 나눈 뒤였다. 머릿속 계획과 실제로 벌어지는 상황 사이에는 항상 격차와 어긋남이 있기 마련인 우리의 일상이지만, 이날도 아니나 다를까 역시 그랬다.

꽤 오래전부터 왼쪽 아래 어금니가 부실해져서 흔들거리기까지 하는 것을 차일피일 미뤄오던 터에, 나의 식사 모습을 유심히 지켜보던 아내가 제발 치과에 가보라고 그날따라 유난히 성화를 부렸다. 나는 치과에 들렀다가 곧바로 지리산으로 가겠다고 말하고서 집을 나섰다.

치과에 가면 잠시 임시방편 조치를 받고 다음에 다시 시간 내어 오겠다고 의사한테 얘기할 참이었다. 그런데 내 계산은 완전히 빗나갔다. 전에도 가끔 나를 진료했던 의사는 나의 어금니 상태를 엑스레이로 살피더니, 더 이상 방치하면 잇몸 속 기반 뼈가 악화돼 임플란트마저 어려워질 수도 있다며 당장 이를 뽑아야겠다고 즉석 발치拔齒 진단을 내렸다.

졸지에 나는 그 자리에서 어금니를 뽑히고 말았다.

오호! 애재哀哉라!

엎친 데 덮친 격으로 어금니를 뽑아냈으니 뒷마무리 치료를 위해 다음날에도 또 오라고 했다.

애초에 집을 나설 때의 지리산행 계획은 완전히 뒤틀리고 말았다. 한평생 같이 했던 충신 어금니는 나한테서 떨어져 나가고, 지리산에도 못 가고 그야말로 화불단행禍不單行이었다.

시술 후 잠시 진료의자에 기대어 있는 동안, 고개를 돌려 보니 뽑혀 나간 내 어금니가 저만치 덩그러니 놓여 있었다. 어금니는 나랑 이제 완전히 분리된 것이었다. 방금 전까지 무려 60년 가까이 나랑 함께하면서 나의 모든 육체적 정신적 활동의 조화로운 일익을 담당했던 나의 일부가 마침내 나로부터 사라진 것이었다.

내가 손을 뻗어 어금니를 집어 들고는 뭔가 아쉬운 표정으로 이리저리 들여다보는 게 퍽 우습게 보였던지, 간호사가 킥킥거렸다. 나는 넉살스럽게 한마디 내

뱉었다.

"체중이 좀 줄었겠구먼 … "

간호사는 눈치를 살피던 기색이 누그러진 듯 마침내 웃음을 터뜨리며 대꾸했다.

"괜찮으세요? 어금니 뽑은 분치고는 여유가 있으시네요. 호호호 … . "

병원을 나온 뒤 나는 어쩔 수 없이 다시 집으로 차를 몰아야 했다. 돌아오는 차 안에서 잠시 상념에 빠졌다. 그렇다고 심각하다거나 낭패스러운 기분은 들지 않았다. 오히려 잘된 일이라는 생각이 들었다.

마침내 올 게 왔으며, 벌어질 일이 벌어진 것이라는 데에 수긍하자, 마음이 개운해지면서 시원한 기분이 들었다. 다른 방도가 없이 어쩔 수 없는 일 아닌가.

아침에 집 나설 때와는 상황이 크게 달라졌으니 아내에게 지리산행 포기와 귀가를 알렸다. 아내는 어금니를 잘 챙겨서 지리산 거처 화단에 잘 묻어 주는 게 좋겠다고 친절한 의견을 냈다. 그러나 나는 그럴 필요 없으며 이미 병원의 폐기물이 됐다고 했다. 그리고 떠난 것은 떠난 것답게 대해야 하지 않겠냐고 덧붙였다.

어금니가 뽑혀 나갔어도 나는 아직 버젓이 살아 있긴 하지만, 어금니로서는 파란만장했던 자기 노릇을 마침내 마감한 것에 다름 아니었다. 어금니는 나랑 함께했을 때 생명활동의 긴요한 도구였지만, 그 역할을 다한 뒤 한낱 분리수거 대상이 된 것이었다. 그냥 쓰레기로 역할이 바뀐 것이었다.

어금니에 대해 토사구팽兎死狗烹의 야멸찬 마음으로 이러는 게 결코 아니었다. 어금니의 분리는 내 몸뚱이가 이른바 '성주괴공'成住壞空과 '생주이멸'生住異滅의 엄연한 이치대로 그 과정을 밟는 것이었다.

"이루어져 잠시 머물다가 무너져 텅 빈 자리에 돌아간다."

"사는 동안 잠시 머물다가 끝내 변해 사라진다."

그 어금니가 떠난 것에 왜 서운함이 없겠는가. 하지만 어금니는 떠나면서 서운함을 훨씬 뛰어넘어 명백한 이치를 나에게 깊이 새겨 주고 갔다.

나의 이 몸뚱이는 결국은 쓰다가 버리는 것이라는 또 하나의 깨우침을 준 것이었다. 훗날 내가 세상을 마감할 때 몸뚱이도 함께 마감한다는 것을 확실하게 미리 일러 준 것이었다.

집에 돌아온 뒤 그날 오후 내내 내 마음은 소란스럽지 않고 잔잔했다.

떠내려간 사람들

온 고을을 하얗게 뒤덮었던 그 벚꽃들이 한순간에 모조리 지고 없었다. 꽃들이 진 자리에서는 새 잎사귀들이 돋아나고 있었다. 산자락 구들방에서 밤새 지켜본 국회의원 선거 결과도 꼭 그랬다.

한때 잘나갔던 수많은 사람들이 마침내 그들의 시간을 마감하고 져 버린 꽃들처럼 떠내려가고 있었다. 그자리를 새 잎사귀처럼 새 얼굴들이 채우고 있었다.

앞서 누렸던 권세와 명예는 결국 끝이 났고, 다시 새로운 권세와 영광이 그 뒤를 잇고 있었다. 뜬구름은 흘러가고 또 새 구름이 몰려왔다. 둘 다 구름이기는 마찬가지였다. 꽃도 선거 결과도 모든 것은 한때의 일이며 잠시 머물다 사라질 뿐이라는 것을 잘 드러내고 있었다.

떠내려간 사람들은 뼈저리게 통감했을 것이다. 오래갈 것 같았던 수많은 욕망의 불꽃들은 결국 오래갈 수 없는 것들이었으며, 이윽고 사그라져 한 줌 재로 남는다는 것을 처절하게 깨우쳤을 것이다. 무척 허탈했을 것이다.

새로 등장했거나 다시 연명한 사람들은 자신들이 피워낸 불길이 세상을 삼킬 듯 활활 타오르는 모습에 한껏 사로잡혀 있을 것이다. 이들은 수많은 침묵의 대중들이 자기들을 여기까지 데려다 놓았다는 사실을 서서히 잊어버리기 시작할 것이다. '덕분'이라는 말의 의미는 이전처럼 또 퇴색하기 시작했을 것이다. 그 대신에 자신만만함이 가슴을 뿌듯하게 채울 것이다.

새 사람들은 바로 방금 전에 떠난 사람들이 '때가 되

면 이렇게 흘러간다'는 것을 절절하게 보여주었음에도 불구하고, 떠난 그들과 달리 자신들은 오래 머물 수 있을 것 같은 착시錯視에 젖어들게 될 것이다. 그리하여 되풀이는 되풀이를 부를 것이다. 인간들의 반복은 흥미롭다.

무대에 새로 등장한 사람보다는 무대에 머물다가 떠나간 사람이 배우는 바가 더 클 것이다. 겪을 사람보다는 겪은 사람이 마음의 거품을 걷어내는 일에 더 가까이 접근할 것이다.

현역시절 나는 후배들에게 '선배'라는 말의 뜻을 이렇게 정의해서 전해 주곤 했다.

"선배란 몇 발자국 앞서 겪는 사람이란 뜻이며, 나중에 끝나는 모습을 저만치 앞에서 보여주는 사람을 일컫는 것이다."

선배는 선배였다가 결국 물러가는 사람이며, 후배는 이윽고 선배가 되었다가 앞선 선배를 뒤따라 자기도 똑같이 물러가게 될 사람이다. 누구나 잠시 머물렀다가 물러가는 사람들이다. 끝없이 머무는 사람은 없다.

인생은 결국 잠시 머물다가 떠나는 일이며, 머무는 동안에만 잘하거나 못하는 일이다. 자신이 잠시 머물 뿐이라는 것을 잘 새긴 사람은 머무는 동안 그 의미를 극대화할 수 있다. 자기 우물에 빠지지 않는 사람은 삶의 완전연소가 가능해진다.

깨달은 옛사람이 말했다.

"머물지 않는 마음으로 머물러라. 머무는 바 없는 마음을 내라."

다음날 아침, 나는 선거에서 일시적 성공을 거둔 몇몇 지인들에게 전화를 걸어 축하인사를 건넸다. 그리고 우정과 진심을 담아 한마디를 전했다.

"머무는 동안 잘하기를 바란다"고. "머무는 동안만

잘할 수 있는 것"이라고.

군이 내가 뭐라 하지 않아도 그들은 그들 나름대로 자기들의 삶을 펼쳐갈 것이다. 군이 얘기를 듣지 않아도 그들은 그 무엇들을 겪을 것이다. 그리고 어느 날 무대에서 내려와 떠나갈 것이다. 떠날 때, 그들 대부분은 뒤를 돌아보거나 아니면 보기 드물게 훌훌 털고 사라질 것이다.

새 아침을 맞이한 그들처럼 나 또한 지리산 자락에서 새 아침을 다시 맞이했다. 세수를 마치고 거울을 들여다보다가 거울 옆에 붙여 놓은 윤동주의 〈서시〉를 또 한 번 읽는다.

"그리고 나한테 주어진 길을 걸어가야겠다."

오늘은 산 너머 스님을 뵈러 가야겠다. 일전에 통화했을 때 스님은 오랫동안 머물던 지리산 거처를 떠나 멀리 경상도의 어느 암자로 곧 옮길 것이라고 했다. 지리산 자락에 계속 머무실 줄 알았는데 떠난다고 했

다. 나는 그분을 약 30년 전에 지리산 등산길에 알게
되었다.

이제 그분이 떠나고 나면, 산 너머에 소풍 갈 일이
줄어들 것이다. 서로 말은 길게 나누지 않아도 많은
것을 느끼게 한 분이었다. 앞으로도 보고 싶어지면 내
가 가끔 경상도로 넘어가면 될 테지만, 가까이 머물던
스님이 멀리 가신다니 마음이 무척 서운해진다.

곧 70줄에 들어서는 자신의 여생餘生에 관해 이런저
런 궁리를 세우신 모양이다.

떠나실 스님을 통해 나는 나의 여생에 관해 다시 한
번 마음속을 들여다보게 된다. 그리고 떠내려간 사람
들을 보면서 나도 언젠가 이 산자락에서조차 떠내려간
다는 것을 다시 한 번 각인하게 된다.

그 선물의 의미

작별인사를 마치고 일어나려 하자, 스님은 방 한구석에 놓인 작은 선반을 힐끗 쳐다보며 불쑥 뜻밖의 말을 꺼냈다.

"저기 선반에 놓인 목각 보이죠? 선물로 드릴까요?"

스님은 일어서더니 목각 앞으로 갔다. 나도 덩달아 일어섰다. 스님은 목각을 들더니 잠시 설명했다.

"이거 노승을 조각한 것인데요 …. 오래전 세상을 떠나신 은사스님께서 생전에 저한테 선물하신 겁니다. 한 30년쯤 됐을 겁니다."

"전에 제가 있던 암자에 불이 났을 때, 묘하게도 이

목각은 불에 타지 않고 남았어요. 원래 색깔은 나무색 그대로였어요. 그런데 불에 그슬리는 바람에 색이 까매졌어요. 이 뒤에 희끗희끗 나무 색깔 보이죠?"

구부정하게 어깨를 움츠리고 앉은 목각 노승은, 더부룩한 턱수염 사이로 하얀 이를 드러내며 빙그레 웃고 있었다. 비스듬히 왼쪽을 향한 눈초리는 매서웠다. 모든 것을 알고 있는 듯한 분위기를 지니고 있었다.

나는 예상치 못한 선물에 선뜻 놀라 물었다.

"이것은 스님의 스승님께서 각별하신 마음으로 특별히 주신 선물일 텐데, 제가 감히 받아가도 되는 것인지 … ."

스님은 괜찮다며 목각을 보자기에 싸서 내게 건넸다.

가뜩이나 방 안에 살림살이도 거의 없는 스님의 방 안은 이제 더욱 허전하게 느껴졌다. 이제 남은 것이라곤 책 몇 권과 승복과 속옷 몇 벌뿐이었다. 그리고 벽에는 스님에게 그 목각을 주셨던 작고하신 노스님의 액자 사진만 덩그러니 남게 되었다.

그때 스님 거처 바깥 처마에 달린 풍경風磬이 잔잔하게 울렸다.

"저 풍경 소리는 가끔 아리랑 곡조와 아주 비슷한 소리를 내곤 해요. 아리랑 멜로디는 자연에 가까운 소리인가 봅니다. 저 풍경은 박남준 시인한테 주고 가려고요."

박 시인은 나도 알고 지내는 사이였다.

스님과 나는 잠시 더 이야기를 나누었다. 나는 마음이 왠지 섭섭하다고 했다. 그동안 오랜 세월 스님과 이곳 지리산에서 함께 나누었던 이런저런 추억을 들먹이자, 스님은 기억을 더듬는 듯 몇 해 전 7 암자 길을 동행했던 이야기를 꺼냈다. 스님도 서운함을 느끼는 기색이었다.

스님은 거처 대문까지 나를 배웅하며 나의 뒷모습을 바라보는 것을 나는 느꼈지만, 그냥 나는 뒤를 돌아보지 않고 걸어갔다. 우리 둘은 그렇게 작별했다.

99
그 선물의 의미

아까 스님을 만나러 지리산 큰 고갯길을 넘어갈 때, 아무도 없는 산길에는 아직 벚꽃들이 남아 있었다. 계곡에 바람이 불 때마다 꽃잎들이 우수수 흩어져 차창에 뿌려졌다.

아! 이 길을 얼마나 오랫동안 수없이 다녔는지 ….
산길은 여전하건만 나는 다시 혼자였다. 산길은 수많은 사람들과 수많은 추억들을 떠나보내고 말없이 나를 산 아래로 잘 데려다주고 있었다. 그 산길 굽이굽이마다 따사로운 봄 햇살이 가득 내려앉고 있었다.

산자락 거처에 돌아온 나는 스님한테서 선물로 받은 목각 보따리를 조심스레 풀었다. 그리고 마음속으로 기도했다. 나는 구들방 책장 한 칸을 비워낸 뒤 목각 노승을 모셨다.

노승은 나를 보며 빙그레 웃었다.

그 선물의 의미

각자의 갈 길

부석사浮石寺 가는 면 소재지 사거리 마트 앞에서 우리는 헤어졌다. 후배들은 트럭을 타고 부석사 쪽으로 향했고 나는 영주 시내 쪽으로 차를 몰았다. 서울로 가기에 앞서 이 지역에서 토박이로 살고 있는 또 다른 가까운 친구를 만나기 위해서였다.

지리산에서 3백 ㎞가 넘는 이곳까지 하루 전에 내가 오게 된 것은, 사실은 불쑥 내린 결정이었다. 왠지 그 녀석들을 한데 불러 모아 회포를 풀고 싶었고, 내친 김에 마침 이곳에 사는 다른 친구도 만나고 내 딴엔 일석이조一石二鳥의 행보를 한 것이었다.

내가 나에게 고백하건대 그 먼 나들이를 하게 된 속내는 고질적인 역마살 때문이었을 것이다. 사람에 대한 그리움도 컸던 것 같다.

후배들은 모두 셋이었다. 둘은 사과농사를 짓고, 또 한 명은 꽤 떨어진 강원도에서 노동을 하고 있는 후배였는데 여기서 함께 만나자고 내가 불러들였다.

이들 셋 중에 나이가 가장 많은 한 명은 아예 서울에 가족을 남겨 두고 혼자 내려와 산자락 허름한 거처에 지내면서 사과 과수원을 꾸려가고 있었다. 두 번째 후배는 한동안 제주도에서 지내다가 일손도 도울 겸 운수납자雲水衲子처럼 최근에 이곳으로 흘러들어와 더부살이를 하고 있었다.

과수원은 구불구불 상당히 깊은 골짜기에 있었고, 새로 막 짓기 시작한 암자를 제외하고는 사실상 민가로는 맨 마지막 외딴집이었다. 여러 해 전에 귀농자로 정착한 그 후배로서는, 전혀 연고도 없는 이 산중에까지 들어와 혼자 살면서 힘든 농사를 짓기로 인생길을 확 바꾼 것은 아무나 할 수 없는 대단한 결심이었다.

그는 진돗개와 풍산개의 혼혈인 영리한 개 한 마리를 생후 2개월 때부터 키우면서, 이름도 서울의 자식들 이름과 끝 돌림자가 같게 지어 부를 정도로 가족처럼 애지중지했다. 자기와 단 둘이 지내는 유일한 생명체라는 생각에 저절로 식구처럼 대하게 되더라고 했다.

이렇게 우리 넷은 나의 도깨비 같은 번개 바람잡이에 모처럼 한통속이 되어 밤늦도록 소주 여러 병을 비우며 서로의 깊은 정과 마음을 나누었다. 주량도 별로 내세울 게 없는 내가 꽤 취하도록 잘 마시자 한 녀석은 웬일이냐며 눈을 휘둥그레 떴다.

그만큼 나는 술에 취했다기보다는 정에 취해 그날 밤은 보기 드물게 들떴다. 세 녀석의 개성은 저마다 독특했지만, 내가 무척 끌리는 공통점이 있었다. 그것은 세 녀석 모두 사람을 대하는 데에 자기계산이 전혀 없는 사람들이라는 점이었다. 어찌 보면 메마른 세상에서 손해 보기 십상인 성품의 소유자들이었다.

셋 다 벌써 중년이었지만, 경제적 의미에서 삶의 기반이 안정되게 다져진 형편들이 전혀 아니었다. 그냥 물 흐르는 대로 마음 가는 대로 살아온 친구들이었다. 이런 사람들을 두고 인생이 실패했다고 함부로 단정한다면, 큰 모욕이 될 것이다. 도시적 관점에서 생활은 경제이지만, 삶 그 자체는 경제라고 말할 수 없을 것이다. 우리는 고작 경제생활 하려고 태어난 게 아닐 것이기 때문이다.

한밤중 내가 취해서 비틀비틀 사과밭으로 걸어가 오줌을 눌 때, 멧돼지가 건드려 놓은 사과나무를 지탱하기 위해 받쳐 둔 지지대 위로 밝고 노란 반달이 나를 따라 흔들렸다. 나는 겨우 몸을 가누어 한동안 멍하니 달을 쳐다보았다. 그때 저만치 숲에서 소쩍새가 울었다.

그 순간 나의 몸뚱이는 술에 젖어 있었지만, 마음은

개운하고 차분하게 가라앉았다. 그리고 가슴 한구석에서는 알 수 없는 아련한 통증 같은 것이 고개를 들었다. 맑고도 시린 이것은 무엇이었을까. 내 안에 있는 것의 정체를 내가 모르다니 … .

사과밭 위쪽 달빛이 내려앉은 암자의 윤곽이 실루엣으로 선명했다. 저 암자에는 어떤 사연을 가진 어느 수행자가 들어와 살고 있을까. 이쪽에는 속인들이 저 위에는 속세를 벗어난 사람이 가까이 그러나 동시에 멀리 자리 잡고 있었다.

바탕이 같은 인간들이 각자 제 갈 길을 가고 있는 중이었다. 똑같은 인간들이 색깔과 모양과 크기만을 달리하고 있었다. 생명 존재 하나가 펼쳐 놓은 다양성일까. 승려인들 어떻고 속인인들 무슨 상관이 있으랴. 모두가 인생길 위에 놓인 길손들인 것을 ….

내가 제일 맏형이라고 후배들은 나를 방바닥이 지글지글 끓도록 장작불을 때어 놓은 별채 구들방에 따로

재웠다. 하지만 나는 한참 동안 잠들지 못하고 내 마음
속을 더듬거렸다.

🌿

이튿날 마트에서 과수원 후배가 즐겨 피우는 담배 한 보
루를 사서 건넸다. 또 한 녀석에게도 담배 이름을 물으
니 형님이 무슨 돈이 있느냐는 표정으로 손사래 치며 마
트 바깥으로 도망쳤다. 후배들과 악수를 나누고 내가
차에 올라 시동을 걸고 출발할 때까지 후배들은 트럭 백
미러로 나를 보고 있었다. 배웅하는 마음이 느껴졌다.

　나는 영주 시내의 커피숍에서 오래된 친구를 만났다.
그는 대학총장이었다. 사실은 어제 저녁 나랑 후배들에
게 식사대접을 하겠다고 하는 것을 사양하는 바람에,
오늘 귀경길에 앞서 잠시 따로 만난 것이었다.

　친구는 나에게 밥 한 끼 술 한잔 챙겨 주지 못한 것이
못내 아쉬웠는지, 커피숍을 나온 뒤에도 다시 학교로

가자고 했다. 그날은 마침 주말이었다. 그 친구는 자기 집무실에 나를 앉혀 둔 채 잠깐 자리를 비웠다가 돌아오더니, 여러 가지 선물꾸러미를 나에게 내밀었다.

그 친구의 선물은 나를 갑자기 뭉클하게 만들었다. 그것들은 산과 관련된 것들이었다. 그가 탁자 위에 맨 먼저 올려놓은 것은 1인용 텐트가 담긴 박스였다. 그 다음은 선글라스였다. 다음은 시계였다. 그리고 주머니에서 주섬주섬 무엇을 꺼내더니 내 손에 쥐어 주면서 말했다.

"너는 산을 좋아하고 늘 산에 살잖아. 이 물건들이 보탬이 될까 해서 …. 그리고 이건 자동차 기름 값이라도 해라."

나는 가슴이 먹먹해지는 느낌이었다.

총장실을 나와서 헤어지려는데 친구는 나를 또 붙들었다.

"3차 가야지. 저기 구내 커피숍에서 네가 좋아하는

아이스 아메리카노 한잔 더 하고 가거라."

친구는 거기에서 이번에는 초콜릿 상자를 사서 건네며 말했다.

"산 타다가 기운 떨어질 때 이런 거 먹으면 좋다고 하던데 … ."

❧

그 친구와 작별인사를 나눈 뒤 내가 차를 몰고 대학 구내를 빠져나와 갈림길 신호등 앞에 멈췄을 때까지만해도, 나는 그 친구의 차가 내 뒤를 한참 따라오고 있었다는 것을 눈치채지 못했다. 룸미러를 보다가 바로뒤차 운전석에 앉은 그 친구를 발견했다.

나는 깜박이 신호를 보내려다가 이내 그만두었다. 그 친구의 아쉬움이 진하게 느껴지긴 했지만, 이쯤 해서 묵묵히 헤어지고 싶은 생각이 들었다. 각자 갈 길이 다르다는 생각이 들었다.

파란불이 켜지자 나는 일부러 가속기를 세게 밟아 뒤차와 멀리 떨어졌다. 저만치 멀리서 친구는 다른 길로 꺾으며 시야에서 사라졌다.

고속도로에 들어선 지 얼마 되지 않았는데도 나는 곧 나타난 휴게소에 차를 세웠다. 용변 때문이 아니었다. 오늘 아침 연달아 겪은 두 번의 석별(惜別)이 왠지 마음속을 뒤숭숭하게 휘젓는 느낌에, 잠시 마음을 쉬고 싶었다. 나는 휴게소 마당 한구석에 한참 동안 앉아 있었다.

방금 전까지 1박 2일 동안 벌어졌던 일들이 한바탕 꿈처럼 사라지고 없었다. 이윽고 나무들의 연두색 이파리들이 눈에 들어왔다. 이파리들은 햇살을 받아 투명했다. 나는 지금 어디에 있는 것일까. 나는 지금 어디를 향해 가는 것일까.

알 수 없는 작동

참 희한하고 묘한 일이었다. 오늘 벌어진 일 하나만 해도 그러한데 연달아 그런 일이 벌어지다니⋯. 이런 일들을 작동시키는 것은 무엇일까? 정말 알 수 없는 노릇이다.

　무려 1천만 명이 살아가는 대도시 길거리에서 아무런 사전 의도 없이 그야말로 우연하게 반가운 사람을 맞닥뜨리는 수학적 확률은 거의 기적에 가깝다고 해야 할 것이다. 상대방과 내가 비록 같은 공간에 우연히 놓여 있더라도, 더구나 시간까지 완벽하게 일치하지 않으면 불가능한 일이다.

그리고 이런 절묘한 맞닥뜨림이 일어난 지 불과 5분쯤 뒤에, 이번엔 44년 만에 고등학교 동창을 맞닥뜨리는 뜻밖의 일이 또 벌어졌다. 두 사건은 전혀 상관관계가 없는 것이었지만, 두 사건을 거의 시간 차이도 없이 잇달아 겪은 나에게는 공교로움을 넘어 뭔가 분명한 '작동'처럼 느껴질 수밖에 없었다.

그리고 세상에 과연 '우연'이나 '조우'遭遇라는 게 있기는 한 것일까, 사실은 모조리 무엇인가에 의해 프로그래밍 된 각본 따라 벌어지는 일 아닐까 하는 의구심을 정말 떨쳐 버리기 어려웠다. 한마디로 세상만사는 반드시 '일어날 일만 일어나는 현상'으로 받아들이게 된다는 말이다.

가끔 우리는 무척 어처구니없거나 엄청난 일을 당할 때, '있을 수 없는 일'이라고 말하지만 세상 모든 일은 '있을 수 있는 일'이라는 생각이 든다. 더 나아가 세상에는 못 일어날 일이 없다는 데에까지 생각이 연장된다.

정교한 인연의 조건들이 마치 천 짜듯이 한 가닥 한 가닥 씨줄과 날줄로 치밀하게 조합되어 벌어지는 일 같은 느낌이 든다. 바꿔 말하면 세상일은 인연이 닿으면 벌어지고 인연이 없거나 부족하면 일어나지 않는다는 뜻이다. 한마디로 '연생연멸'緣生緣滅 그 자체라고 받아들이게 된다.

내가 길거리 커피숍 바깥에 서 있던 반가운 그 후배를 졸지에 발견한 것은 퇴계로 대한극장을 막 지나쳐 걸어가고 있을 때였다. 그 후배가 커피숍 안에 있었더라면 못 봤을 것이다. 그리고 그 직전의 상황 또한 묘한 전조였다.

애당초 내가 가야 할 곳은 그곳에서 한참 멀리 떨어진 덕수궁 쪽이었다. 그런데 지하철을 타고 가던 나는 예정에 없이 충무로역에서 갑자기 내렸다. 왠지 잠시 걷고 싶은 생각이 불쑥 솟아났기 때문이었다.

가끔 서울에 올라와 광화문 언저리에 약속이나 볼일이 생기면, 나는 대개는 종로 3가역이나 안국역에 미리 내려서 걸어가기를 즐기긴 했지만, 충무로에서 내린 것은 평소 습관도 아니었다. 무작정 그냥 내렸을 뿐이었다. 그런데 역을 빠져나올 때 여러 개의 출입구 중에서 왜 하필이면 명동 방향이 아니고 그 후배가 서 있던 남산 방향을 택했을까.

걷다 보니 평소 가깝게 지내는 다른 후배들이 근무하는 방송사 건물이 눈에 들어왔다. 번개미팅으로 커피나 한잔하자고 불러낼까 하면서 두리번거리다가, 커피숍 바깥에 서 있던 기업임원인 그 후배를 내가 먼저 알아본 것이었다. 둘 다 깜짝 놀라며 반갑게 악수했다. 후배의 직장은 과천이었다.

커피숍에 들어가 이런저런 얘기를 나누다가 후배는 바로 며칠 전에 일어난 충격적인 일이라며 자기와 친했던 죽마고우竹馬故友가 갑자기 세상을 하직한 이야기를 꺼냈다. 듣고 보니 세상 떠난 그 사람의 아버지는 한때 이름 있던 사회적 명사 그분이었다. 잘 살아오던 명문가의 자식이 50을 넘긴 나이에 영문을 알 수 없게 스스로 떠났다는 것이었다.

울적하게 얘기하는 후배에게 내가 한마디 던졌다.

"이유야 어쨌든 떠날 때가 되었던 모양이지. 그리 받아들여야지 어쩌겠나. 이제 중요한 사실은 자네의 그 친구가 자네 곁을 떠나 사라졌다는 것뿐이겠지."

🌿

그 후배에게 조만간 한번 만나자는 작별인사를 한 뒤, 나는 다시 남대문 방향을 향해 터벅터벅 걷기 시작했다. 어느 오래된 호텔이 사라진 재건축 공사장을 지나서 짧은 횡단보도를 막 건너는 순간이었다.

누가 무척 큰 목소리로 내 이름을 우렁차게 불렀다.

나는 어리둥절해서 사방을 두리번거렸지만 행인은 나밖에 없었다. 나의 왼쪽 편을 쳐다보니 골목 찻길에서 여러 대의 차량들이 큰길 합류 전에 신호 대기 중인 모습이 보였다. 그런데 맨 앞차의 운전석 유리창이 열리더니 누가 내 이름을 다시 크게 불렀다.

나는 다가갔다. 하지만 누구인지 전혀 생각나지 않는 얼굴이었다. 그 친구는 자기 이름을 대면서 대뜸 친근하고 반가운 기색을 내보였다. 순간적으로 나는 약간 당혹스러웠지만, 아마도 어린 시절 학교동창인 것 같다고 직감하면서 그 친구가 무안해할까 봐 굳이 확인 질문은 하지 않았다.

여유 있는 대화를 가질 수 없는 상황에서 나는 손을 내밀어 악수하면서 "반갑다. 건강해라" 이 말밖에 달리 할 말이 없었다. 44년 만의 만남이 30초도 안 되어 끝났다. 신호가 바뀌자 그 친구는 차를 움직여 떠나야 했다.

나는 동창회 총무에게 전화를 걸어 그 친구가 밝힌 이름을 대면서 물어보았다. 내가 그 친구의 생김새를 말하자, 총무는 그런 동창 있었다면서 훌륭한 기억력으로 성까지 일러주었다.

길에서 나는 잠시 그 동창에게 민망하고 미안한 생각이 들었다. 40년 세월을 훌쩍 뛰어넘는 기억력으로 그것도 자동차 안에서 길을 걸어가는 나를 놀라운 눈썰미로 알아보며 아는 체를 했건만, 솔직히 나는 그를 정면으로 쳐다보면서도 전혀 알아보지 못한 것이었다. 아마 그가 그동안 교류도 없던 나를 대뜸 알아본 것은 내가 오랫동안 방송 일을 했기에 기억할 수 있겠다는 짐작은 갔지만, 어쨌든 미안한 마음이 들었다.

그러다가 갑자기 나는 묘한 기분에 사로잡히게 되었다. 조금 전 커피숍 앞에서 1천만 명 중에서 우연히 후배를 맞닥뜨린 일도 신기한데, 불과 5분쯤 뒤에 40년이 훨씬 지난 큰 공백이 있는 어떤 사람을 또 만나다니 ….

지금 일어난 이 일들은 다 무엇일까? 오늘은 그 누군 가가 그 무엇인가가 나에게 일종의 '암시'를 던지는 것 일까? 연달아 일어난 이 사건들은 도대체 나에게 어떤 관련이 있기에 벌어진 것일까? 나는 정말로 가볍게 넘 겨지지 않고 무척 골똘해졌다.

덕수궁 돌담길을 따라 정동길에 들어서서 시간을 보니 아직 여유가 남아 있었다. 마땅히 할 일은 없었다. 가방 에 책이 들어 있었지만, 마침 비가 주룩주룩 내리고 있 었다. 가까운 편의점에 가서 우산을 하나 챙겨들었다.

정동길은 나의 인생길 중에 잊을 수 없는 지리적 DNA를 심어 준 곳이었다. 어린 시절 다녔던 중고등학 교가 바로 이 근처였다. 성장해서 얻은 직장도 바로 이 부근이었다. 나의 평생직장이었던 M본부는 처음에 이곳에 있다가 나중에 여의도로 이사 갔다.

나는 발걸음을 모교가 있던 쪽으로 옮겼다. 모교는 지
금은 서울 변두리로 이사 간 지 꽤 오래되었다. 내가
꿈을 키우며 뛰어놀던 그 운동장 터에는, 세계적으로
유명한 어느 금융기업 사옥이 들어서 있었다. 역시 운
동장이었던 이웃 여자고등학교 담장 근처에는 이중 철
문이 굳게 잠기고 경비보초를 세운 러시아 대사관이
자리 잡고 있었다.

　나는 작은 공원 앞에 서서 내 인생의 한 부분이었던
이곳을 가만히 바라보았다. 눈앞에는 세월이 지나 전혀

알 수 없는 작동

엉뚱한 건물들이 있었지만, 나는 마음속 추억과 기억의 눈으로 응시했다. 대한제국 고종황제 때 우리나라 신교육 학교로서 서양 선교사에 의해 처음 설립된 가장 오래된 그 학교의 모습들은 이제 사라지고 없었다.

고종황제도 그 선교사도 그리고 꿈 많던 10대였던 나도 모두 사라지고 없었다. 아까 퇴계로에서 두 차례의 묘한 조우사건을 거친 나는, 이번에는 '사라진' 것을 마주하는 장소에 놓인 것이었다.

그러고 보니 학창시절 쉬는 시간에 얼른 달려와서 절반밖에 익지 않은 뜨거운 라면을 그토록 맛있게 먹었던 그 분식집도 진작 사라지고, 그 자리에는 연극 극장이 들어서 있었다.

약속 시간이 다 되어 나는 골목길 저 위쪽 신문로 방향으로 다시 걸었다. 아직 그 자리에 있는 여자고등학교 입구를 지날 때였다. 나이 들어 보이는 부부가 길 건너편에 서서 하굣길 학생들과 학교를 바라보며 뭔가 조용히 소곤거리고 있었다. 남자는 얼핏 보기에도 병색이 짙어 보였다.

혹시 옛날에 이 학교 선생님이었을까. 나랑 비슷하게 나이 든 부부는 무엇인가를 회상하고 있는 듯했다. 남자의 얼굴은 무척 창백했고 몸은 상당히 수척해 보였다.

❧

약속 만남을 마친 뒤 나는 시청 쪽으로 가기 위해 다시 덕수궁 돌담길을 따라 걸었다. 문득 어느 가수의 노랫가락과 멜로디가 떠올랐다. 나는 작은 소리로 그 노래를 흥얼거렸다. 이문세의 〈광화문 연가〉라는 노래였다.

이제 모두 세월 따라 흔적도 없이 변하였지만 …
향긋한 오월의 꽃향기가 가슴 깊이 그리워지면 …

온종일 묘한 기분에 사로잡혔던 오늘 내 마음에 다시 새겨진 것은, 구름처럼 나를 빠져나가 사라져 버린

알 수 없는 작동

시간들과 한 줌의 기억들 그리고 그 모든 것들이 온통 한바탕 꿈이었다는 깨어남이었다. 시청광장에는 다시 하루가 사라지고 어둠이 내리고 있었다.

🌿

이날 공교롭게도 천리만리 멀리 태평양 건너편 쿠바 땅에서는, 올해 89살이 된 쿠바혁명 지도자 '피델 카스트로'가 공산당 대회에서 그의 생애 마지막 연설을 하고 있었다. 그는 전 세계 모든 사람들을 향해 말했다.

"나는 곧 90살이 된다. 모든 사람에게 그렇듯 시간은 찾아온다."

당나라의 깊은 수행자 임제 선사가 말했다.

"때는 오로지 지금뿐이다. 다시 시절은 없다."

(즉시현금 갱무시절, 卽時現今 更無時節)

인연의 생멸과 사라짐은 당신과 나의 주변에서 수시로 확인된다. 당신과 나는 그 작동에 대해 아는 바가 없다.

다슬기 잡는 아이들

해설픈 초저녁 무렵이었다. 나지막한 앞동산 뒷동산에 둘러싸인 동산마을 논두렁 옆 수로에서 아이들이 재잘거리는 소리가 들렸다. 다가가서 내려다보니 계집아이 한 명과 사내아이 셋이 맨발을 물에 담근 채 저마다 허리를 숙여 물속을 들여다보고 있었다.

논마다 가득한 푸르른 벼들과 사람들의 푸른 싹인 아이들이 한데 어우러진 풍경은 무척 아름다웠다. 한참 잘 놀고 있는 아이들에게 나는 훼방꾼처럼 끼어들어 말을 섞었다.

"얘들아! 뭐하냐?"

"다슬기 잡아요! 우리 엄마가 여기가 다슬기 잘 잡힌 다고 했어요."

넷 중에 가장 키가 큰 계집아이가 나를 올려다보면서 대꾸하더니, 으스대듯 깡통을 내밀어 보였다. 깡통 안 에는 막 잡은 다슬기들이 꽤 들어 있었다.

"많이 잡았네! 잘 잡는구나! 너희들 모두 참 예쁘고 똑 똑하게 생겼다. 아저씨가 너희들 사진 한 방 찍어도 되 냐? 요기 앞에 모여서 아저씨 쪽을 잠깐만 쳐다봐 줄래?"

그러자 조금 떨어진 곳에 있던 꼬마 한 녀석이 너스 레 떨 듯 한마디 던졌다.

"발 시러운디 … ."

하지만 녀석은 곧 반전을 일으켰다.

"잠깐만요! 나는 여기 걸터앉아서 찍을래요."

수로 턱에 가볍게 뛰어올라 앉은 것까진 좋았는데 내 쪽이 아니라 들판 쪽을 향해 거꾸로 돌아앉았다.

"꼬마야! 너만 반대쪽을 보면 얼굴이 안 나오잖아."

다슬기 잡는 아이들

그러자 녀석은 두 번째 반전을 일으켰다.

"요렇게 고개를 돌리면 되잖아요!"

나는 졸지에 녀석에게 연이어 두 방을 얻어맞으면서도 아이들이 나에게 아무런 경계심을 갖지 않고 천진한 얼굴로 푸근하게 대해 주는 것이 너무 좋았다. 그 덕에 나는 훗날 아름답고 소중한 추억이 될 폰카 사진 한 컷을 건졌다.

🌿

가족들이 사는 서울의 아파트 단지 안에 있는 어린이 놀이터에 몇 차례 구경 갔다가, 나는 어린이들이 노는 모습을 구경하는 일도 서울에선 만만치 않다는 느낌을 받고는 제풀에 이내 그만두고 말았다.

아이 엄마들은 수염이 더부룩하고 행색이 후줄근한 낯선 나를 왠지 경계하는 듯한 눈초리를 보냈다. 이런 분위기에서 아이들에게 가까이 다가가 말을 건넨다는 것은, 나 또한 조심스럽고 내키지 않았다. 편안하기는커녕 나서서 머쓱해지는 일을 만들고 싶지 않았던 것이다.

논두렁 옆에서 무척 평화롭게 다슬기를 잡는 순하디순한 아이들을 만나고 돌아서면서, 나는 서울의 어린이 놀이터에서 받은 떨떠름한 느낌이 겹쳐져 혼자 빙그레 웃고 말았다.

그리고 내가 이곳 지리산 언저리에서 마음 내키면 얼마든지 이런 고즈넉하고 여유로운 풍경들을 접할 수 있다는 것에 무척 감사한 생각이 들었다.

🌿

그것보다 사실은 아까 다슬기 잡는 아이들을 만난 뒤, 나는 한동안 내 어린 시절 추억을 더듬고 있었다. 내가 기억하는 나의 내면에서 가장 오래된 꼬마 시절의 기억은 무엇일까 가만히 되짚어 보았다. 그러다가 나는 너무나 오랫동안 거의 떠올려 보지 못했던 내 기억창고 속의 빛바랜 골동품 같은 몇 가지 추억을 되살려낼 수 있었다.

거의 60년 전으로 거슬러 올라가는 까마득하고 가물가물한 그 장소는 조선대학교 앞 들판이었다. 요즘 젊은 광주 사람들은 그곳에 너른 들판이 있었다는 사실조차 모를 것이었다. 나는 그 들판에서 지금은 얼굴조차 생각나지 않는 몇 명의 친구들과 놀고 있었다.

나는 '시누대'라 불리는 곧고 가느다란 대롱 끝을 열십자로 쪼개서 못 대가리를 쑤셔 박아 고무줄로 칭칭 감은 멋진 화살과, 넓적한 대나무 양쪽을 단단한 줄로 잡아 묶어 만든 그럴싸한 활을 자랑스럽게 챙겨들고는, 지금은 사라진 철길을 건너서 당시 어린 나의 눈에 엄청나게 넓어 보였던 들판 풀숲을 누비고 다녔다.

'함부로 쏜 화살을 찾으러' 종아리를 '함초롬' 휘적시면서.

내 키보다 웃자란 풀 더미를 가만가만 숨죽여 제치면서 나는 개구리를 찾고 있었다. 그러다가 큼지막한

이중섭, 〈개구리와 어린이〉, 연도 미상.

다슬기 잡는 아이들

개구리를 발견하면 겁도 없이 이내 활시위를 당겨 관통시키곤 했다. 그렇게 개구리 큰 놈 몇 마리를 잡고 나면, 나는 근처 양계장 아저씨한테 달려갔다.

수많은 닭들을 키웠던 기억 속의 그 아저씨는 내가 자랑스럽게 개구리를 내밀 때마다 머리를 쓰다듬으며 칭찬을 곁들이고는, 굵은 알사탕 몇 개를 내 손에 쥐어 주곤 했다. 아마 닭들이 야생 개구리를 쪼아 먹고 자라면 더 튼튼하고 토실토실해지는 모양이었다.

이 추억은 나이 든 지금 돌이켜 보면, 내 기억 속의 첫 살생殺生이기도 했고 어린 내 힘으로 내가 먹을 것을 구한 최초의 사냥이자 물물교환이었다.

🌿

다슬기를 잡던 그 꼬마들처럼 나도 분명히 그런 유년시절을 통과한 것이었다. 그리고 세월은 쏜살같이 흘러 그 꼬마들 눈에 할아버지로 보였을 내가 옛날의 그 조선대학교 앞 들판에서 장소를 이곳 지리산 언저리 동산 마을 들판으로 옮겨서 아까 거기에 있었던 것이다.

다슬기 잡이 꼬마들을 대하는 순간, 나는 어린 시절의 내가 지금은 어디론가 자취를 감추고 사라졌다는 것을 깨달았다. 개구리잡이 그 꼬마는 세월이 흘러 사라지고 웬 노인 한 사람이 거기에 있었다.

하지만 그 꼬마는 지금도 여전히 내 안에 살고 있었다. 그 꼬마와 지금의 나는 과연 같은 사람일까 다른 사람일까? 그 꼬마로부터 몸과 마음이 변해도 한참 변한 지금의 내가 그 꼬마와 같은 사람이라고 할 수 있을까?

이 단순한 질문에 나는 섣불리 대답하기가 어려웠다.

그러나 나는 이 점만은 분명히 알 수 있을 것 같았다. 하나의 생명 존재로서의 60년 전 그 꼬마와, 역시 생명 존재로서의 60년 뒤 '나'는 틀림없이 같은 존재일 것이라는 느낌이 들었다. 내가 그 들판에서 개구리를 관통했듯이 내 안에 있는 어떤 근본 바탕은 내 생애 내 내 나를 관통하고 있는 것이라는 확인감이 들었다.

약 2천 2백 년 전 인도 서북쪽 박트리아 왕국의 그리스 출신 임금 메난드로스는, 인간의 삶에 대한 궁금증을 떨쳐 버릴 수 없어 현자賢者를 수소문하던 끝에 고승 나가세나를 만나게 되었다. 두 사람은 며칠 동안 수없는 문답을 주고받았다.

승려 나가세나는 딱 부러진 대답을 하지 않는 대신에 왕의 질문을 되돌리면서 물었다.

"강도짓을 하다가 손이 잘린 사람이 잘리기 이전의 그 사람과 같은 사람입니까? 다른 사람입니까? 초저녁에 불타던 촛불과 시간이 지나 새벽에 불타는 촛불이 같은 불입니까? 다른 불입니까?"

섬진강변 그 집

곡성을 건너편에 둔 섬진강변을 달리다가 그 후배가 떠난 그 집을 보았다. 집은 외관이 변해 있었다. 목수일 하던 후배가 각종 연장과 공구를 보관하고 작업실로 사용하던 공방이 사라지고 없었다. 후배는 멀리 경상도로 떠난 지 꽤 오래였다.

기억이 묻어 있는 장소에 기억에 떠오르는 사람이 사라지고 없는 것을 바라보는 일은 애잔하다. 그 사람이 없는 그 집은 나에게는 그저 낯선 건물에 지나지 않았다. 변변한 자기 집도 없이 떠돌던 후배가 강변 그 집을 구했을 때 무척 좋아했었다.

강 바위에 가끔 백로가 날아들고 강물이 손에 닿을 듯 가까운 그 집은, 강변 야산 자락 어느 문중의 공동 묘지 아래에 다른 이웃도 없이 외롭게 자리 잡고 있었 다. 온종일 고즈넉한 분위기도 좋았지만, 아무리 시끄 러운 연장 소리가 나더라도 뭐라 할 사람 없어 금상첨 화라며 후배는 무척 흡족했었다.

나는 그 집에 자주 놀러 갔고 후배는 항상 반갑게 나 를 맞아주었다. 내 거처는 따로 있었지만 가끔은 그 집 에서 늦도록 놀다가 아예 묵기도 했다. 술에 취해 비틀 비틀 강변에 나가 소변을 볼 때 머리 위 밤하늘에는 휘 영청 밝은 달이 별무리를 거느리고 거울 같은 섬진강 에 쌍둥이처럼 제 모습을 비추곤 했다.

멀리 광주에서 가끔 머리 식히러 오는 어느 신부님과 미술학원 선생님을 나는 그 집에서 처음 만났다. 그들 은 참 좋은 사람들이었고 향기를 풍겼으며 술 한잔에 마 음을 풀고 가는 것을 큰 위안으로 삼으면서 좋아했다.

그 집이 강변 벚꽃과 뒷동산 벚꽃에 둘러싸일 때의 풍광은 한 폭의 그림처럼 아름다웠다. 거기에서 후배와 짝꿍 두 사람은 알콩달콩 꽃보다 더 아름다웠다. 허름했지만 그 집은 무릉도원武陵桃源이었다.

그러나 어느 날 후배는 떠나야 했다. 그 집과 인연은 거기까지였다. 사정이 그렇게 닥쳤다. 후배는 무척 서운해하며 멀리 경상도 쪽으로 삶의 장소를 옮겼다. 물론 나도 무척 서운하고 아쉬웠다. 정든 사람이 멀리 떨어지는 일은 가슴 한구석에 구멍이 뚫리는 것이다.

그 후로 나는 그 친구가 그리울 때면 3백 ㎞ 떨어진 문경새재까지 힘든 것도 잊은 채 내달리곤 했다.

집은 인연을 가진 그 사람이 있을 때 함께 가슴속으로 들어온다. 그 사람이 없는 집은 더 이상의 의미가 소멸한다. 집이나 거처는 사람이 머물 때 비로소 함께 생동

섬진강변 그 집

한다. 사람이 떠난 집은 쓸쓸하다. 사람이 떠나가 버린 집은 그 사람을 그리워하게 만드는 공허한 장소다.

때가 되면 제자리에 온전히 머무는 것은 단 하나도 없다. 사람도 집도 마음까지도.

아름다운 그녀

산자락 거처 늦은 밤 무심코 TV를 켰다가 그녀 얼굴을 보는 순간 무척 반가웠다. 환한 미소를 머금은 그녀는 80이 넘었는데도 천사처럼 곱고 아름다웠다. 하지만 나는 그녀 모습을 이번에 처음으로 본 것이었다. 그녀는 내가 쓴 책에 담겨 있지만, 그녀는 나를 모른다.

마리안느 스퇴거!

오스트리아 사람인 그 양반은 수녀다. 20대 꽃다운 나이에 마가렛 피사렛 수녀와 함께 머나먼 한국, 그중에서도 남쪽 바다의 절망적인 섬 소록도에 한센병 환자들을 돌보기 위해 첫발을 내딛은 이래, 무려 40년 이상의 세월을 그곳에서 보냈다. 두 수녀의 일생이 소록도에서 지나갔다.

그러다가 둘 다 70살을 넘기면서 병이 들었다. 이젠 더 이상 환자들을 돌보기가 어렵다고 판단한 두 양반은, 애절한 사랑이 담긴 편지 한 장을 남기고 어느 날 소리 소문도 없이 한국을 떠나 고향 오스트리아로 갔다.

두 수녀는 소록도에서 무척 청빈한 삶을 살았다. 사람들이 외면하는 환자들을 장갑도 끼지 않은 맨손으로 가족처럼 돌봤다. 환자들과 섬사람들은 두 양반을 '할매 수녀님'이라고 부르며 마음을 열었다. 두 수녀와 주민들은 지극히 맑고 깨끗한 사랑을 서로 주고받았다.

두 할매 수녀를 너무도 그리워하던 섬사람들은 한센인 전문치료시설인 소록도 병원의 개원 100주년 행사에 정중한 초대장을 보냈다. 하지만 몸이 많이 불편해진 피사렛 수녀는 올 수가 없었다. 그 안타까운 마음을 대신 전하며 스퇴거 수녀 한 분만 10여 년 만에 잠시

아름다운 그녀

한국 땅을 다시 밟을 수 있었다.

한국에서 거의 평생을 보내면서 봉급 한 푼 따로 챙겨 놓은 적 없이 자신을 송두리째 바쳤던 두 수녀는, 지금은 오스트리아 어느 시골 마을에서 빈곤층 수준의 연금에 의지해 삶의 마지막 시간들을 기도와 묵상으로 보내고 있다.

자신들의 희생 봉사가 알려지는 것을 꺼리며 살았던 두 양반은 한목소리로 이렇게 말했다.

"그저 친구가 되려는 마음으로 하루하루를 보냈을 뿐입니다. 우리에게 사랑과 존경을 보여준 그분들에게 오히려 감사할 따름입니다. 행복했습니다."

두 수녀는 노벨평화상 후보에 거명되고 있다.

나는 이 두 분의 이야기를 내가 쓴 책《힘든 날들은 벽이 아니라 문이다》에 담아 소개한 적이 있다. 같은 지구에 같은 하늘 밑에 살면서 한 인간의 마음과 영혼이 얼마나 맑고 밝을 수 있는지, 그리고 얼마나 넓고 깊을 수 있는지를 생생하게 보여준 본보기였기 때문이다.

자기를 송두리째 내려놓는 일이 다른 사람들을 위해 얼마나 큰 노릇을 하게 되는지를 두 분은 아무런 직접적 인연도 없는 지리산골 나에게까지 깨우쳐 주었다.

우리 조상들이 남겨준 가르침 중에 '덕불고린'德不孤隣 이라는 말이 있다. 크고 넓은 자비의 마음은 결코 외롭지 않으며 반드시 좋은 이웃을 두게 된다는 뜻이다. 사랑은 반드시 주변을 적시며 멀리 퍼진다는 뜻일 게다.

이들 두 수녀의 삶은 나에게 부끄러움과 염치에 대해 그리고 우물에 빠진 돼지의 인생에 대해 정신이 번쩍 들게 만든 일침이었다. 나의 삶이 고작 어느 날 쓰레기가 되어 사라지고 말 이 몸뚱이 한 조각을 위해 함몰되어 있는 것은 아닌지를 되돌아보는 계기가 되었다.

청풍명월! '맑은 바람 밝은 달'처럼 어디든 가지 않

는 곳이 없고 어디든 비추지 않는 곳이 없는 그런 삶을 사는 일은 사실은 불가능한 게 아니라, 제 마음 한순간에 눈뜨면 가능한 일이라는 것을 두 양반은 나에게 가르쳐 주었다.

오스트리아 어느 시골의 밤하늘에 뜬 달이 지리산 위에 솟은 달과 같은 달이라는 것은, 너무도 신비스럽고 너무도 다행스러운 일이다. 당신과 나 그리고 두 수녀님은 알 수 없는 그 어떤 '하나'로 연결되어 있음에 틀림없다.

아름다운 사람이 된다는 것은 나의 여생에서 가장 가 볼 만한 길이 아닐까?

산자락에 종일 비가 내리고 천지가 온통 짙푸르다. 눈에 보이지 않는 산들바람이 창문 너머 감나무 잎사귀를 쓰다듬어 살랑거린다.

사랑어린 학교

사흘째 비가 계속 내리는 아침이었다. 계란 프라이에 사과 한 개 그리고 커피로 아침식사를 때우고 나니 막상 할 일이 없었다. 할 일 없는 하루를 살아간답시고 그나마 할 일에 속하는 식사를 마친 데다가 농사꾼도 아닌 나에게 비마저 곁들여 내리니 마땅히 할 만한 일이 떠오르지 않았다. 더구나 아침부터 책을 읽기에는 왠지 내키지 않았다.

잠시 빈둥거리며 뭔가 적당히 움직일 건수를 찾기 위해 이리저리 궁리를 시작했다. 말하자면 궁리 자체부터 할 일의 개시인 셈이었다. 농사꾼도 직업인도 아니면서 산골에 홀로 처박힌 내 처지에 이런 답답하고 무료한 형국은 종종 있는 일이긴 했지만, 좌우지간에 새 아침이 밝았으니 또 새 하루를 살아야 했다.

무료하다고 할 때 몸이 무료한 것은 아니다. 몸은 그 인간이 무료하든 흥미진진하든 그 어느 쪽으로도 움직일 태세를 이미 잘 갖추고 있다 보니 문제의 핵심이 아니었다. 문제는 마음이 새롭게 관심을 기울여서, 언제나 함께 다니는 하수인 격인 몸을 움직일 만한 대상을 찾는 일이었다.

무료함을 이겨내거나 벗어나는 데에 직방 효과를 내는 것은 일단 어디론가 몸을 움직이는 일이라는 것을 나는 체험적으로 알고 있었기에, 움직일 곳을 찾는 궁리가 순서상 먼저일 수밖에 없었다.

거꾸로 마음보다 몸이 관심을 가질 만한 것 다시 말해 운동을 하는 수도 있지 않겠느냐고 당신은 반문할지 모르지만, 그것은 큰 착각이다. 몸의 운동도 사실은 마음의 선택이 몸을 움직이는 것에 지나지 않기 때문이다. 이를테면 도시에 사는 당신이 헬스장에 갈 마음이 없는 데에도 몸만 따로 가는 일은 벌어지지 않는다.

🌿

어쨌든 그러다가 문득 생각난 것이 그 학교였다. 하지만 이전에 그곳에 가 본 적은 없었다. 초행길이었다. 언젠가 한번 가 보고 싶었던 곳이었다. 학교 건물이나 풍경을 보기 위해서가 아니라 그 학교를 이끌어 가고 있는 사람들과 학생들에게 호기심을 가졌기 때문이었다.

궁리 끝에 일단 괜찮은 생각 같다는 마음의 결정이 서자, 파생적인 아이디어가 떠올랐다. 그 학교 학생들이 읽을 만한 책들을 챙겨가기로 한 것이다. 사전 예고도 없이 불쑥 처음 들이닥치는 학교에 빈손으로 가는 것은 왠지 뻔뻔스럽겠다는 생각에, 나는 구들방에서 일어나 서가를 뒤지기 시작했다.

이 책 저 책을 한참 골라 뽑아낸 뒤 보자기에 싸기 전에 세어 보니 60권쯤 되었다. 책 두 보따리를 차에 실었다. 그리고 가는 길에 읍내 마트에서 소주 한 박스를 샀다. 그나마 내가 그 학교를 방문하게 된 동기를 갖게 된 것은 그 학교를 세운 그 양반과의 우연한 만남 때문이었고, 그 양반이 애주가라고 들었기 때문이었다. 하지만 가서 대작할 마음은 없었다. 잠시 만나 책만 전해 주고 돌아올 참이었다.

일단 출발 태세를 갖추자 나는 내비게이션에 행선지를 찍었다. 학교 이름을 치자 주소가 떴다.

순천시 해룡면 '사랑어린 학교'!

이름부터 특이하고 보드라운 그 학교는 순천만 바다 근처에 있었다. 가서 보니 언젠가 그 근방을 나들이한 적이 있었다. 다시 올 일은 없을 줄 알았는데 무슨 인연의 작동인지 다시 그곳을 가게 된 것이었다.

146

학교 운영자 그 양반은 전직 목사였다. 나는 얼마 전 지리산 너머 아는 스님한테 갔다가 마침 스님을 방문한 그 양반과 우연히 초면인사를 나눈 터였다. 목사라는 노릇에 전직 현직을 구분하는 것은 우스꽝스러운 일이지만, 일단 그가 지금 하고 있는 일은 그 학교의 교장인 셈이었다.

그 학교는 기존 교육제도 틀 안에 있는 정규학교가 아니라 대안학교였다. 초중고를 다닐 나이의 10대 소년

소녀들 약 80명쯤이 다닌다고 했다. 그리고 아주 어린 아이들부터 고령의 노인들까지 전국에서 모여들어 틀에 얽매이지 않는 공부를 하는 자유학교였다.

과거에 초등학교였다가 폐교된 곳을 재사용하게 된 그 학교는 높지 않은 야산 자락에서 평화로운 모습으로 마을과 들판을 내려다보고 있었다. 학교 입구에 정감 어린 팻말이 눈에 띄었다.

'사랑어린 배움터', 그리고 '함께 어울려 놀면서 크는 집'이라는 페인트 글씨는 비바람에 조금씩 지워져 있었다.

학교는 예상대로 수업 중이었다. 누구시냐고 묻는 어느 선생님의 질문에 목사님을 뵈러 왔다고 밝히고는 수업이 끝나기를 기다렸다.

이윽고 김 목사는 나를 보자 어리둥절하는 기색이었다. 당연한 반응이었다. 그 양반은 평소에 휴대전화를 사용하지 않는다고 했고, 더욱이 내가 아무런 사전 예고도 없이 불쑥 찾아간 것이었으니까. 그러나 그는 이내 편안한 태도로 나를 대했다.

그는 나더러 점심을 함께 먹자고 권했지만, 나는 사양했다. 내가 잠시 후 물러날 눈치를 보이자 그는 근처 바닷가 쪽으로 나가자고 했다. 우리 둘은 바닷가 작은 구멍가게 앞에 앉아 소주 대신 음료수를 마시며 짧은 대화를 나누었다.

나는 오늘 갑작스런 방문이 아무런 의도나 목적이 없는 것이라고 말했다. 그냥 인연 흐름 따라 오게 됐다고 하면 적절할 것 같다고 했다. 그는 내 말을 빨리 이해했다.

"선생님은 불쑥 오셨다고 하지만, 그 불쑥이 이뤄지는 데에는 뭔가 오랜 과정이 있었을 것 같습니다."

나는 '그렇게 받아주시니 고맙다'는 대꾸와 함께, 인생길에 뭔가 특색 있는 향기를 가진 인연들을 만나면 마음의 눈길이 끌리곤 한다고 했다. 잠시 후 나는 훗날

인연 닿을 때 다시 보자는 작별인사를 나누고 그곳을
떠났다.

✿

영화 〈쇼생크 탈출〉에서 장기복역수인 주인공 듀프레
인은 동료 죄수들에게 이런 말을 꺼낸다.

"우리 내면에는 아무도 건드리거나 빼앗을 수 없는
것이 있다."

그러자 그를 아끼는 동료 레드는 그가 가슴에 '희망'
을 품고 산다는 것을 눈치채고는, 희망으로 인해 오히
려 닥칠지 모르는 불행을 염려하는 마음에서 이렇게
경고한다.

"희망은 위험해!"

하지만 듀프레인은 받아들이지 않는다. 마침내 그
는 탈출에 성공한다.

비단 교육뿐 아니라 국가나 사회 공동체의 모든 분야에서 '획일성과 경쟁, 그리고 테크닉의 강조'만을 앞세우는 수준 낮은 현실은, 시간이 갈수록 공동체를 큰 위태로움에 빠뜨리게 될 것이라는 우려에 나는 적극 공감한다.

방향이 그르쳐진 공동체의 인간들은 '쇼생크'의 장기복역수와 다를 게 없다. 우리는 단 한 차례 살다 가는 인생길에서 내내 '쇼생크'에서만 살 수는 없다. 탈출해야 한다. 특히 후손들을 우리가 살아온 그 비뚤어진 공동체에 되풀이해서 가둘 수는 없다.

그런 빗나간 방향들은 장차 세상을 '알파고'에 내주고 인간을 벌이나 개미 같은 '2류 생명체'로 전락시키고 말 것이라고 세계적 베스트셀러 《사피엔스》의 저자인 이스라엘 히브리대학의 역사학자 유발 하라리 교수는 지적했다. 얼마 전 이어령 박사도 '지능'이 아니라 '지혜'가 중요하다는 것을 입 아프도록 강조한 바 있다.

나는 순천만 어느 바닷가 대안학교에서 세상을 바꾸는 작은 몸짓을 하고 있는 어느 인생에 대해 경의를 표한다. 그는 거대한 '몰淡인간의 숲'에 인간 나무 묘목을 단 한 그루라도 더 심어 보려는 '사람 녹화'의 저항 의지를 가졌다는 점에서 나는 그를 조용히 주목한다.

정말 공교롭게도 같은 날 오후 내 스마트폰 카톡 창에 반가운 이름이 떴다. 과거 내가 M본부에서 함께 일했던 앵커 '최일구'였다. 그는 카톡에 이렇게 적었다.

"구 선배! 저도 책을 한 권 냈습니다. 《인생 뭐 있니?》라는 책입니다. 구겨지고 짓밟혀도 나의 가치는 변하지 않는다는 강인한 정신력과 희망의 메시지를 담았습니다."

희망을 잃지 않고 탈출을 꿈꾸는 인간은 지루하지

않고 언제나 신선하고 멋있다. 나는 후배가 지은 책 제목에 빙그레 웃음이 나오면서 나 자신에게도 물었다.

'인생 뭐 있니?'

세상에서 가장 어려운 일이자 가장 멋진 일은 '자기 타파' 아닐까?

꿈같은 현실
현실 같은 꿈

꼭두새벽에 잠을 깨었다. 산 너머 스님이 수십 년 정든 거처를 끝내 떠나기로 한 날이 내일이었다. 오늘이 지리산 체류 마지막 날이었다. 아직 어둡고 새벽 4시를 조금 지난 시간이었지만, 나는 얼마 전 뵈었던 스님을 다시 한 번 보고 싶어 서둘러 세수하고 차를 몰아 지리산을 넘었다.

스님은 예고도 없이 불쑥 다시 찾아온 나를 반갑게 맞아주었다. 스님은 차 한잔을 끓여 내주었고 나는 스님과 이런저런 얘기를 나누었다. 이야기 중에 스님은 '승려란 4가지 은혜를 입으며 산다'는 말을 했다.

첫째 부처님 은혜, 둘째 스승의 은혜, 셋째 시주의 은혜, 넷째 도반의 은혜였다.

그리고 '사자상승'師資相承이라고, 스승이 제자를 두고 학예를 이어간다고 했다. 하지만 요즘은 승려 세계에서도 세태가 바뀌어 늙은 스승을 제자가 끝까지 보살피는 일은 많이 줄어들었다고 들려주었다.

새로 출가하는 젊은 승려들도 좋은 가르침을 줄 만한 스승을 찾기보다는, 영향력 있는 스님을 찾는 경향이 있다고 했다. 이러다 보니 평생 드러내지 않으며 홀로 지내온 스님은 이래저래 노후가 더 적막할 수밖에 없다는 것을 나는 새삼 알게 되었다.

스님을 한 번이라도 더 뵙고 싶어 내가 다시 찾아간 일은 잘한 것 같다는 생각이 들었다.

그러면서 스님은 '나처럼 홀로 지내는 산승은 부처님 은혜 외에 그동안 주변 지인들의 시주 덕에 살아온 것'이라고 독백하듯 말했다.

"스님이라고 다를 게 있나요? 생로병사는 다 똑같지요"라는 말도 덧붙였다.

스님의 이런 이야기 속에는 점점 나이 들어가는 자신의 형편과 처지를 미리 스스로 간파하고 남은 생애를 준비하는 모습이 담겨 있었다. 스님이 거처를 굳이 옮기는 배경도 이것과 관련이 있는 것으로 짐작되었다.

그러다가 스님으로부터 나는 매우 기묘한 이야기를 하나 듣게 되었다. 조용히 파묻힐 뻔했던 이 이야기를 당신에게 들려준다.

스님에게는 오래전부터 마치 남매처럼 누님처럼 친숙하게 지냈던 비구니 여승 한 분이 계셨다. 경상도 운문사雲門寺 승가대학장을 지냈던 이 비구니 스님은 작년 이맘때 세상을 떠나셨다.

그런데 바로 며칠 전 멀리 운문사에서 연락이 와 스님을 꼭 찾아뵐 일이 있다고 했다. 비도 많이 내리는데 먼 길을 올 필요 없다며 만류했지만, 돌아가신 여승의 후학인 운문사 비구니 두 분은 반드시 와야 될 일이라며 마침내 스님을 찾아왔다.

스님을 만난 자리에서 비구니 두 분은 햇차를 한 통 내밀었다. 그러더니 뜻밖의 이야기를 털어놓았다. 그것은 희한한 꿈 얘기였다.

작년에 세상을 떠나신 운문사 비구니 스님의 1주기가 가까운 어느 날, 운문사에 있는 제자 한 사람이 꿈을 꾸었다. 꿈속에서 여러 스님들이 차를 마시고 있는데 갑자기 방문이 열리더니 돌아가신 스님이 나타나 방 안에 있는 제자들에게 말했다.

"내 방에 가면 차가 두 통 있을 테니 그중 한 통을 챙겨서 지리산 연관스님께 꼭 갖다 드려라!"

꿈에서 깬 제자 비구니는 꿈이 너무도 생생한 데다

꿈같은 현실, 현실 같은 꿈

가 비록 꿈이지만 특별 당부까지 받은 터라, 주변 도반들에게 꿈 이야기를 하면서 상의했다. 다들 꿈속 스승 스님의 당부를 따라야 한다는 데에는 공감했지만, 이들은 정작 연관스님의 연락처를 모르고 있었다.

그런데 도반들이 상의하면서 연락처를 모르니 난감하다는 소리를 우연히 옆방 다른 비구니 스님이 듣게 되었다. 공교롭게도 그 비구니는 연관스님을 잘 아는 제자였다. 그 비구니는 쏜살같이 옆방으로 건너가 말했다.

"저한테 연락처가 있어요!"

이렇게 해서 바야흐로 연관스님 앞에 차 한 통이 놓인 것이었다. 꿈속에 있던 차 한 통이 실제가 되어 스님 앞에 나타난 것이었다. 이 이야기를 스님은 나에게 들려주면서 웃었다.

"거참! 묘한 일도 다 있지요."

159

꿈같은 현실, 현실 같은 꿈

스님과 작별할 때 스님은 내가 마침 잘 왔다면서 새로 만든 책을 절 입구 찻집에 내 이름을 적어 맡겨 놓았으니 찾아가라고 일렀다. 나는 그 책을 찻집 동생한테서 건네받았다.

돌아오는 길에 다시 뱀사골을 지났다. 새봄 시냇물이 맑은 소리를 내며 계곡을 깨우고 있었다. 참다람쥐 한 마리가 자동차 소리에 긴장하며 저 앞에서 깡충깡충 있는 힘을 다해 길을 건너 달아났다.

성삼재 고갯길을 넘자 구름 한 조각이 순간순간 모습을 바꾸면서 산을 오르고 있었다. 햇살은 따사로웠다. 어느새 푸르러진 산들은 토실토실 숲살이 쪄가고 있었다. 천지가 밝게 빛났다.

산자락 거처에 돌아와 스님이 선물한 책을 펼쳤다. 타계하신 석정 큰스님의 시문을 번역한 것이었다. 그 중 내 눈에 띈 시 한 구절을 당신에게 읽어 준다.

저마다 땅을 밟고 하늘을 이고 있으면서
자신이 모천摹天인 줄 알지 못하네.

마음 밝혀 도에 이른 장부만이
하늘 중에 하늘이라 부르리.

 책을 덮고 나니 방금 만났던 스님도 꿈 이야기도 그
리고 조금 전에 넘어온 지리산 고갯길도 벌써 꿈이 되
어 사라지고 없었다.

지리산 드라이브

이 책을 만나서 나랑 귀한 인연을 맺게 된 당신에게 나는 특별한 선물을 하고 싶다. 나는 이 선물을 당신에게 감히 생색내고 싶다. 왜냐면 이 선물을 당신은 아무한테서나 받기 어렵고 나만이 할 수 있는 선물이기 때문이다.

당신이 나의 이 선물을 잘 받게 된다면, 경우에 따라 당신의 인생이 크게 바뀔 수도 있을 것이다. 당신의 마음이 대전환을 맞이할 수도 있을 것이다. 어쩌면 나의 이 선물은 당신이 여태껏 살아오면서 미처 못 느꼈던 당신 내면 깊은 곳의 감성에 봇물이 터져 나오도록 자

극하는 마중물이 될지 모른다. 나아가 '진짜 당신'을
만나게 될지 모른다.

　나는 이 글이 이 책 속에서 사실상 '별책 부록' 노릇
을 톡톡히 하게 되기를 바란다. 더불어 이 글을 읽는
당신만이 누리는 '특전'이 되기를 기대한다.

　나는 지금부터 당신을 특별히 내 차의 옆자리에 태
워서 동행할 것이다. 당신은 정말 운 좋게도 내 옆에
그냥 가장 편한 자세로 앉아서, 나머지 모두는 나에게
맡기기만 하면 된다. 당신이 앉은 좌석을 뒤로 쭉 빼서 신발을 벗고 발을 편하게 내뻗어 앞 차창 가까이 올려 놓아도 좋다.

나는 지리산을 한 바퀴 빙 둘러 도보로 걷는 '둘레길' 코스 대신에, 당신이 운전할 줄 아는 사람이라는 걸 전제로, 또는 굳이 불가피하다면 다른 운전자와 동행하는 경우를 전제로, 당신만을 위한 '지리산 자동차 드라이브'에 당신을 초대하는 것이다.

내가 들려주는 이 '지리산 드라이브'는 사실은 혼자 하는 것일수록 바람직할 것이다. 왜냐면 이 드라이브는 단순히 자동차를 운전하는 행위를 훨씬 뛰어넘어, 단순히 구경하는 여행을 넘어, 당신의 모든 것을 잘 추스르는 '새로운 정리 정돈'의 좋은 계기가 될 수 있기 때문이다.

'사색'은 공유되는 게 아니라, '혼자만의 일'이기 때문이다.

나는 이 드라이브 길을 '휴식과 사색의 길'이라고 부

르고 싶다. 이 글을 읽은 당신이 훗날 실제로 이 책을 펴 들고 이 드라이브에 나서게 된다면, 나로서는 더 이상 바랄 게 없다. 그 경험을 통해 당신은 당신을 스스로 치유하거나 바로잡을 것이기 때문이다.

❦

나는 내 스스로 코스를 선택해서 숙지한 이 드라이브 길을 일일이 셀 수 없을 정도로 혼자서 여러 번 다녔다. 마음이 답답하거나 울적할 때, 고독할 때 또는 왠지 바람기와 역마살이 작동할 때, 아니면 내면의 담백한 그곳으로 더 깊이 들어가고 싶을 때 이 길을 달리곤 했다. 나는 이 길을 지금도 가끔 달리고 있으며, 허락되는 한 앞으로도 꾸준히 달릴 것이다.

이 길을 달릴 때 당신의 자동차 속도는 시속 60㎞를 넘지 않도록, 아니 더 느려지도록 유념할 필요가 있다. 그것은 속도제한 법규 때문이 아니다. 속도를 낼

수록 당신은 휴식과 사색으로부터 멀어지기 때문이다.

그리고 특히 당신은 가급적 자동차에서 자주 내릴수록 좋다. 느낌이 오는 곳에서 차를 멈추고 그저 주변을 천천히 산책하거나 편한 곳을 찾아 가만히 앉아 있어 보라! 모처럼 당신에게 아무것도 할 일이 없는 상태를 부여해 보라! 그리하면 당신에게 '어떤' 일이 반드시 일어나게 될 것이다.

❧

지리산을 한 바퀴 빙 도는 일은 동그라미를 그리는 이치와 같기에 당신은 출발지점을 어디로 삼든지 상관없다. 시계 방향이든 반대 방향이든 그것도 상관없다. 나로서는 내 거처가 있는 구례를 출발점으로 삼는다. 따라서 당신을 특별히 옆에 태운 오늘 나의 드라이브 길은, 구례 - 하동 - 산청 - 함양 - 남원 - 다시 구례가 될 것이다.

지리산 드라이브 루트

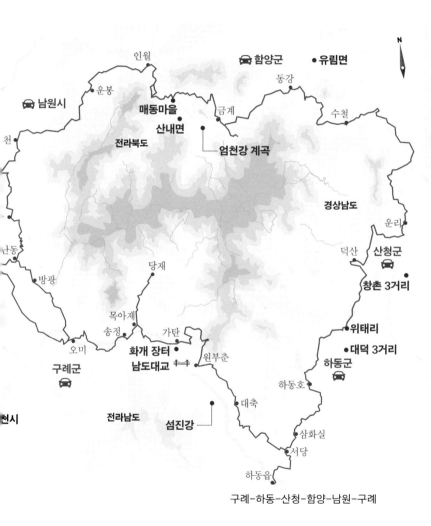

N

인월

운봉

함양군 · 유림면

동강

남원시

매동마을

금계

수철

산내면

전라북도

엄천강 계곡

천

경상남도

운리

덕산

산청군

난동

당재

창촌 3거리

방광

목아재

위태리

송정

가탄

대덕 3거리

오미

화개 장터

원부춘

하동군

구례군

남도대교

하동호

천시

대축

전라남도

섬진강

삼화실

서당

하동읍

구례-하동-산청-함양-남원-구례

나의 안내 중에 이른바 유명 관광지는 사정없이 생략될 것이다. 오히려 전혀 알려지지 않은 곳들이 추천될 것이다. 왜냐면 나는 당신이 '사색'하는 것을 돕고 싶은 의향을 가졌기 때문이다.

당신이 다음 행선지 하동에 이르기 전에 구례를 달릴 때, 당신은 지리산 자락에 바짝 붙은 일반국도를 택하는 것보다는, 섬진강 건너편 지방도로를 타는 게 여러모로 훨씬 나을 것이다.

큰 산의 치맛자락에 놓이면 산이 잘 보이지 않는다. 강 건너편에서 산의 윤곽과 능선들이 더 잘 보인다. 특히 강 건너 길은 웬만한 평일에는 당신의 앞뒤로 다니는 차가 거의 없다. 그만큼 당신은 신경 쓰는 일 없이 천천히 달리기에 딱 좋은 위치를 잡은 것이다.

가다가 당신이 섬진강과 이야기를 나누고 싶다면,

화개 장터와 남도대교를 지난 곳 중에서 별로 방해받지 않을 만한 장소에 차를 멈추면 된다. 거기서 잠시 강물에 손과 발을 담그거나 얼굴이라도 씻고 싶으면, 길을 살펴 강으로 내려가서 흐르는 강물에 말을 건네면 된다.

나는 지금 해가 쨍한 시간에 당신과 동행하고 있지만, 당신의 모험심이 강하거나 무서움을 잘 타지 않거나 이미 길이 어느 정도 기억에 남아 있을 경우에는, 밝은 달밤에 별이 총총하고 사방이 그런대로 잘 구별될 때에 길을 가는 것도 권할 만하다.

달 밝은 밤 물 깊지 않은 섬진강 아무도 눈여겨보지 않는 곳에서 혼자 목욕하는 경험은 특별할 수밖에 없다. 만약 당신에게 그런 일이 벌어진다면, 당신은 당신이 작성한 '버킷리스트' 중에서 가장 두드러지게 실행했고 가장 기억에 남는 별 3개 이상의 표식을 하게 될 것이다.

하지만 섬진강에서는 꼭 달밤이 아니어도 좋다. 아침이어도 좋고 한낮이라도 좋고 햇살이 야위어 가는 늦은 오후나 초저녁이라도 좋다. 그 강변에 혼자 덩그러니 놓이면, 당신은 그동안 살면서 놓쳤던 당신 자신을 만나게 될 것이다. 당신이 이전에 상대한 적이 없는 당신을.

강변 대숲 정자에 앉거나 누우면, 당신은 아직 마음의 고통을 완전히 벗어나지는 못했더라도 내면이 강물처럼 잔잔하고 고요해지는 느낌을 마주하게 될 것이다. 그 틈새에 소중한 '암시'가 숨어 있다.

하동 산골 드라이브는 하동 읍내가 막 끝나는 갈래길 언덕에서, '적량·횡천' 표지를 따라 왼편으로 들어서면 시작된다.

작은 고개를 내려서면 기차가 잘 다니지 않는 심심한 기찻길 바로 옆에서 개울물이 온종일 두런두런 말

벗이 되어 주는 정겨운 풍경 속으로 당신도 슬며시 끼어들 수 있다.

'대덕 3거리'는 유별난 특징이 없어 당신이 자칫하면 놓치기 쉽다. 여기에서 당신은 '옥종·산청' 방면 59번 도로를 선택해 왼쪽 길로 들어서는 게 좋다. 그래야만 지리산에서 멀어지지 않고 드라이브를 할 수 있다.

여기서부터 길은 무척 호젓해진다. 꼬부랑 오르막을 지나 내리막이 시작되면 '옥종' 땅이다. 잠시 후 '회신 3거리'를 만나게 되거든 반드시 오른쪽 직진 길로 가기 바란다. 나는 바로 이 지점에서 오래전 첫 드라이브 때 불운했던 적이 있었다.

'위태리'라는 마을 이름에 호기심이 발동해 (물론 한자 표기는 전혀 다르다) 왼쪽 길을 따라 산길에 들어섰다가 비포장 오솔길에서 흙이 무너지면서 차바퀴가 허공에 붕 뜨는 바람에, 천신만고 끝에 보험사 긴급 출동으로 겨우 위기를 모면했던 씁쓸한 기억이 있다.

당신이 내 안내대로 3거리에서 우측 길로 가면 당신은 전혀 위태로운 일이 생기지 않는다. 이런 주의 사항 때문에 그 멋지고 좋은 드라이브 길이 마치 곳곳에 위험 요소가 있는 것처럼 걱정할 필요는 하나도 없다. 전체 드라이브 길은 모조리 포장도로다.

갈래길을 잘 지나면서 곧 예쁜 실개천이 나온다. 발을 담그고 쉬었다 가고 싶은 생각이 절로 든다. 그렇다면 당신은 여기서 차를 멈추면 될 것이다.

잠시 후 만나는 또 한 차례 갈래길에서는 '단성·산청' 1005번 지방도로 쪽으로 좌회전하는 것을 유념하면 된다. 이어 '덕천강 캠핑장' 다리를 건너면 '단성' 땅이다.

얼마 지나지 않아 '창촌 3거리' 고갯길을 만나게 되는데, 여기서 좌회전 내리막길, 즉 '시천·대원사' 쪽으로 꺾어 들면 된다. 강폭이 꽤 넓은 강을 왼편에 두고 그 뒤에 웅장하게 버티고 있는 지리산을 바라보며 달리는 강변길은 한가롭고 넉넉한 기운을 전해 준다. 당신은 잠시 59번 국도를 타고 있다.

하지만 길이 넓고 곧게 뻗었다고 해서 달리고 싶은 충동은 버리는 게 좋을 것이다. 애당초 당신이 왜 드라이브를 시작했는지 잊지 않는 게 보탬 될 것이고, 어차피 잠시 후 어린이보호구역 '삼장초등학교'가 나오니까. 이 학교 담장에는 태극기가 그려진 팔랑개비들이 줄지어 쉴 새 없이 돌아가는 모습이 어린 시절을 떠오르게 한다.

당신이 어린아이 같은 감성의 눈을 가졌다면, 잠시 후 길가에 반달곰 어미가 앞발을 들고 큰 키로 서 있고 새끼 두 마리가 풀밭에서 노는 조각상이 정겹게 눈에 띌 것이다. 그 직후에 당신은 '명상 3거리'라는 표지판을 만난다.

이 3거리에서 당신은 곧장 직진해야 하지만, 혹시 명상이라는 호칭에 끌려 정말로 명상을 하고 싶다면,

좌회전해서 들어가 실제로 명상 수행자들이 머무는 '대원사'에 인연의 발길을 들이면 될 것이다.

직진하면 곧바로 큰 산이 눈앞을 가로막으며 높고 긴 고갯길이 시작된다. 옛날에는 짐작컨대 호랑이나 산적이 나왔을 법한 이 고갯길의 이색적인 특징은, 올라갈 때와 내려갈 때 모두 사철 붉은 단풍나무들이 길가에 빼곡하게 줄지어 가을이 아닌 계절에도 가을 기분을 낼 수 있다는 점이다.

당신이 막 실연당한 뒤끝에 하염없이 눈물을 흘리고

있거나 궂은일로 격한 감정에 빠져 있다면, 이 고갯길을 넘는 것을 잠시 미루고 숨고르기를 하는 게 좋을 것이다. 길이 쉼 없이 비틀거리는 구곡양장九曲羊腸이라 가급적 편안한 마음으로 넘는 게 바람직하다.

수없이 구불거리며 내려오다가 노인요양원이 나타나면, 고갯길을 다 내려온 것이다. '금서' 땅이다. 이쯤에서 왼편으로 지리산을 쳐다보면 산신령이 큰 삽으로 퍼낸 듯 움푹한 산자락 분지마을 풍광이 적막하게 평화롭다. 아니 평화로이 적막하다.

곧이어 산골에 전혀 어울리지 않는 상당히 큰 규모의 현대식 건물이 시야를 벗어날 수 없게 눈에 들어온다. '한국항공우주산업 산청공장'이다. 내가 이 장소를 당신에게 알리는 이유는 바로 이 공장 끄트머리에서 당신은 '동의보감촌·특리' 쪽으로 좌회전해서 언덕길을 올라가야 하기 때문이다.

언덕마루에 서면 저 멀리 너른 들판과 산맥이 시원

하게 보이고, 바로 길가에 새로 깔끔하게 들어선 커피 쉼터가 있다. 여기서 당신은 목을 축이며 잠시 풍광에 마음을 주어도 좋을 것이다.

그리 험하지 않고 깨끗이 단장된 고갯길 내리막이 끝날 즈음, 당신에게 인간과 역사의 무상함을 깨우쳐 주는 사라진 왕국의 전설이 담긴 유적지가 나타난다. 약 1천 5백 년 전 금관가야 가락국의 마지막 임금 '구형왕'이 모셔져 제를 지내던 이곳에는 돌무덤이 남아 있다.

그는 왕족을 데리고 신라에 편입되면서 씨를 이어가 '김유신'의 증조할아버지가 되고, 문무왕의 5대조 외할아버지가 된다. 기껏해야 80년 90년쯤 살아갈 당신과 나에게 그 15배가 넘는 길이의 역사조차 한 줌 흔적만 남아 사라지고 없는 적막한 분위기는, 당신도 나도 언젠가 기필코 사라지고 만다는 것을 각인시킨다.

산청 땅은 여기서 끝나고 잠시 후 임천교 다리를 건너면 '함양 유림' 땅이다. 다리 건너 3거리에서 당신은

'함양·마천' 방향으로 좌회전해야 한다.

여기서부터 당신은 남원 실상사 부근에 이를 때까지 줄곧 지리산의 생생한 모습과 더불어 그 산의 영원한 배필인 '엄천강 계곡'을 옆에 끼고 달린다. 이 일대에서 당신은 마음 내키는 곳 어디에든지 잠시 차를 멈추고 당신이 원하는 대로 노닐면 된다.

계곡물에 먹이라도 감고 싶다면 당신은 '유림·휴천·마천'을 쉬지 않고 흐르는 그 어떤 계곡이라도 선택할 수 있다. 구례에서부터 지금까지의 길에서 당신이 쉬어갈 만한 정자는 일일이 들먹일 필요가 없을 정도다.

자동차 길이 방장제일문方丈第一門을 통과하면 지리적 경계가 바뀌면서 경상도가 끝나고 전라도 남원 고을이다. 실상사를 지난 뒤 '산내면 소재지'에서 지리산 둘레길 첫 구간으로 이름난 '매동마을' 입구 쪽으로 지나가야만 당신의 지리산 드라이브는 거의 완성단계에 이른다.

산내면에서 당신은 뱀사골 쪽을 택할 수도 있지만,

이런 선택은 '지리산 자동차 드라이브'의 마지막 과정을 내버리는 꼴이 된다. 당신은 드라이브의 마지막 구간으로 '인월·운봉·이백·주천'을 차례로 거쳐서 '밤고개' 터널을 통과해야 다시 구례 땅으로 복귀하면서 '동그라미 드라이브'를 완성 짓는 것이다.

🍃

내가 당신의 '휴식과 사색'을 돕기 위해, 당신이 당신 자신을 추스르는 것을 거들어 부추기려고, 이 글의 시작부터 지금까지 이렇게 공들여 안내하다 보니 그 골간은 지리적일 수밖에 없을 것이다.

그렇다고 해서 당신에게 내가 풀어 놓은 '실마리'와 '끈'을 놓치면 민망하다. 당신은 이 특별한 드라이브의 모든 과정에서 사실은 동행자 없이 혼자라는 점에 집중하기를 바란다. 혼자만의 여행일수록 당신은 당신을 잘 건져낼 수 있을 것이다.

179

지리산 드라이브

나의 안내에 고지식하게 빠져드는 것보다는, 이 길에서 당신은 당신을 잘 놓아줌으로써 당신만의 보물들을 발견하게 될 것이다. 새로이 깨어날 것이다. 그것은 내가 하는 일이 아니다. 당신이 그 일부이자 전부인 대자연이 하는 일이다.

이 길은 당신을 채우면서 다지는 길이 아니다. 비우면서 내려놓는 길이다. 이 길에서 내가 나의 껍데기를 과감히 벗어 버리고 진짜로 여겨지는 나를 만나게 되었듯이, 당신도 당신의 참모습을 마주하게 되기를 기원한다.

당신이 이 길을 다 달리고 마음이 끌려 또 달리고 나면, 당신과 나 사이에는 굳이 더 이상 말로 하지 않아도 통할 수 있는 강하고 질긴 연결 끈이 만들어질 것이다.

지리산 드라이브는 하루 한나절이면 족하다. 더 머무는 것은 당신의 선택이다.

어디를 그리 가는 것일까

전날 화창한 날씨에 이끌려 지리산을 한 바퀴 돌고 산자락 거처 마을 입구에 되돌아왔을 때, 내 차의 마일리지는 꼭 30㎞가 빠진 29만 9,970㎞를 가리키고 있었다.

이튿날 서울에 가기 위해 고속도로에 올랐다. 산동면으로 구례가 끝나고 정확히 10리길 긴 터널인 천마 터널을 막 빠져나와 남원 수지 땅을 지날 때, 내 차의 마일리지는 마침내 '30만 ㎞'를 돌파했다. 그 고을 이름대로 수지맞은 것일까.

퇴직할 때 장만한 나의 레저용 차량은 어느새 7살, 헤아려 보니 74개월 동안 나랑 동고동락同苦同樂해 온 것

181

이었다. 하지만 마일리지로는 웬만한 차들이 그 정도 세월에 도저히 도달하기 어려운 기록적인 생애를 살아온 것이었다.

정말 많이도 달렸고, 수없이 달렸고, 툭하면 달렸다. 서울과 지리산을 오간 것만은 아니었다. 전국을 누비고 다녔다. 방금 30만 ㎞를 기록할 때 지나간 터널 이름도 '천마'天馬였다. 나에게는 정말로 하늘이 내린 적토마赤免馬와도 같았다.

생각해 보니 그 세월 동안 이 차는 가족보다 오히려 더 많은 시간을 나랑 함께 보냈다. 역마살 타고난 주인을 만난 덕에 진짜로 역마가 되어 달렸고, 하늘이 도와 큰 사고는 없었다. 내 차는 나에게는 '달리는 법당'이자 '움직이는 명상센터'였다.

나는 차의 품안에서 차와 함께 있으면서 수없는 생각을 일으켰고 수없이 생각을 가라앉혔다. 그러는 동안 차는 그 어떤 상황에서든 나를 위해서 말없이 봉사

했다. 차는 언제나 내가 가리키는 쪽으로 한 번도 어김 없이 내달렸다.

차는 늘 내 생각대로 움직였다. 내가 원하는 곳에 멈추 었다. 내가 가고자 하는 그 어디든 나를 탈 없이 데려다 주었다. 차는 나였고 나는 차였다. 둘은 하나였다.

나는 30만 ㎞를 완주한 차에게 그 순간에 깊은 감사 를 보냈다. 내가 지독하게 부려먹었고 나에게 불평 한 마디 없이 순종한 차는 더 이상 기계라고 여겨지지 않 았다.

똑같은 생명이 느껴지는, 그 무엇이 생명을 불어넣 은, 나처럼 버젓한 존재처럼 동지처럼 받아들여졌다. 어느 임시휴게소에서 나는 차를 멈추고 시동을 끄고 차 를 잠시 쉬게 하면서, 조용하고 감사한 마음으로 차를 한 바퀴 둘러보았다. 그리고 앞으로도 잘 부탁한다고 기원했다.

그런데 나는 그 세월 동안 이 차에 무수히 채찍질을 퍼부으며 도대체 어디를 갔던 것일까?

앞으로 또 어디를 가려고 하는 것일까? 차도 나도 그곳에 대해 알지 못한다.

마감에 대한 해석

빈소는 쓸쓸해 보였다. 점심 무렵이었지만 일가친척 몇 사람만 무덤덤한 표정으로 앉아 있었다. 내가 두 번째 조문객이었을까. 영정 앞에는 국화꽃 한 송이가 놓여 있었다. 다 타 버린 향불은 꺼져 있었다. 장례식장 바깥에는 비가 주룩주룩 내리고 있었다.

나는 항아리에 담긴 국화꽃 한 송이를 뽑아 그 친구의 영정 앞에 놓았다. 향 심지에 불을 붙여서 단지에 꽂았다. 절 대신에 묵념으로 명복을 빌었다.

'고생 많았네. 이제 편히 쉬게.'

그 친구 생전에 그의 가족을 만난 적이 없는 나는 낯

선 조문객이었다. 상복을 입은 여자 두 사람이 얼른 달려와 나를 맞이했다. 나는 그 둘과 목례를 나눴다. 모녀임에 틀림없었다.

"저는 고인의 대학 같은 과 동기 구영회입니다. 지리산에서 왔습니다. 소식을 전해 듣고 얼굴이 눈에 선하게 떠올라 이렇게 마지막 인사라도 하려고 왔습니다."

내가 멀리 지리산에서 왔다는 말을 굳이 건넨 이유가 있었다. 그것은 내가 성의 있는 조문객이라는 점을 내세운 게 전혀 아니라, 고인의 친구가 멀리에서도 주저 없이 찾아온 것을 밝혀서 유가족들이 조금이라도 위안을 받을까 해서였다. 순전히 그런 뜻이었다.

그러자 처음엔 굳은 얼굴이었던 그 아내는 이내 글썽이며 울먹였다. 갑자기 어떤 쇼크를 일으켜 떠난 것 같다고 했다. 30대로 보이는 딸은 의외로 담담하고 무표정이었다. 나는 그 딸에게도 한마디 건넸다.

"앞으로 혼자 남은 어머니를 잘 챙기기를 바랍니다."

나는 곧장 빈소를 나왔다.

고인과 나는 대학동기였지만 평소 자주 만나는 사이
는 아니었다. 그러나 서먹서먹한 사이도 아니었다. 가
끔 동기모임이 있을 때 서로 반가운 마음으로 술 한잔
주고받으며 평범한 대화를 나누었던 게 전부였다.

그 친구의 살아왔던 사정을 좀더 잘 아는 다른 친구
에게서 들으니, 말년의 일들이 제대로 풀리지 않아 이
런저런 고생을 많이 겪었고 가족들과 떨어져 혼자 지냈
다고 했다. 그 이야기를 들은 나는 마음이 무거워졌다.

경제적 고생보다도 외롭게 혼자 지내다가 아무도 없
는 자취방에서 혼자 생을 마감한 정황이 헤아려지면서
가슴 한구석을 아프게 찔렀다.

대학동기 중에서 그 친구는 세상을 떠난 세 번째 사
람이었지만, 가끔 만났을 때 그의 표정 속에 왠지 쓸쓸
함이 묻어났던 기억이 떠오르면서 유독 내 마음을 무
겁게 만드는 것 같았다. 빈소를 빠져나와 주차장으로

마감에 대한 해석

가는 동안 나는 우산이 없었지만 굵어진 빗줄기도 잊은 채 잠시 깊은 생각에 젖었다.

🌿

마지막 순간에 그는 과연 외로웠을까? 단지 외롭다는 생각으로 마지막을 맞이했을까? 사람은 누구든지 혼자 마감을 맞이한다. 설령 가족이나 주변 사람들이 곁에서 임종을 해 주더라도 마감은 결국 자기 '혼자만의 일'이다.

따라서 당사자 본인이 아닌 타인의 마감은 단지 넘겨짚고 헤아릴 뿐 다른 사람이 알 수 있는 영역 그 너머에 있는 것이다. 타인의 마감에 대해 우리는 우리들 각자가 지닌 개별적 마음 상태로 국한되어서, 다시 말해 자기만의 지극히 개인적인 감정으로 '강 건너편'에서 바라보며 해석할 따름이지 그 해석이 '떠나는 자'의 마음 상태일 수는 없을 것이다.

당신과 나는 당신과 내가 아닌 타인의 죽음을 옆에서 보면서 그가 죽었다는 것을 명확하게 인식하지만, 정작 '나의 죽음'에 대해서는 도무지 아는 바가 하나도 없다. 안다는 것은 체험을 전제로 이미 체험한 것을 되살려내는 것이란 점에서, 죽음에 대한 체험이 없는 당신과 나는 이렇게 버젓이 살아 있는 상태로는 죽음에 대해 전혀 알 길이 없다. 그것은 불가능하다.

　따라서 당신과 내가 알고 있는 죽음이란 것은 그저 한낱 '해석'에 불과하다. 해석이란 진실 그 자체가 아니라 자기 생각을 곁들여 자기 멋대로 단정하는 것이다. 진실에 대해 아는 것이 하나도 없으면서 말이다.

　이런 점에서 그 친구의 마감이 외로웠을 것이라거나 빈소가 쓸쓸해 보인다는 나의 '해석'은 크게 빗나간 것일 수 있다는 생각이 들었다. 마감은 당신과 나에게 도저히 풀리지 않는 수수께끼일 뿐 '해석'이 섣불리 허용되지 않는 저 너머에 있다.

마감에 대한 해석

생각이 여기에 미치자, 나는 친구의 죽음이 '무겁다'는 마음 상태에서 벗어났다. 처음의 내 기분은 고작해야 나의 개인적 감정이 일으킨 '해석'이었다는 자각이 일어났다.

❧

'오디세우스'의 여정에 대해 '호머'는 이렇게 예언한다. "네 수명이 다하여 마음이 평안할 때 죽음이 바다로부터 너에게 올 터인즉, 네 목숨이 아주 부드럽게 소진되리니 네 백성이 너에게 복을 빌며 너를 기릴 것이다."

삶이 마감되는 순간 이후부터 벌어지는 진실에 대해서는 '떠난 자'만 알고, 뒤에 남겨진 자들은 '해석'만 할 뿐 전혀 아는 바가 없다. 심지어 전쟁터에서 죽어간 사람들 중에도 오히려 평화로이 눈감은 사람들이 분명히 있었을 것이다.

삶도 죽음도 '해석' 너머에 있다.

순수한 이타 利他를 만나다

서로 전혀 알지 못하는 사람이 낯선 상대방을 위해서 그것도 온종일 무척 고되고 힘든 노동을 여러 날 동안 스스로 찾아와 봉사한다면, 그런 일은 매우 드물 것이다. 나는 이런 일을 직접 목격하고는 '과연 나는 저렇게 할 수 있을까, 못할 것이다'라는 생각이 들었다.

나랑 교류하며 지내는 비구니 스님의 암자에 가 보니 낯선 남자가 별채 마무리 작업을 하고 있었다. 평범한 작업복 차림이었다. 비구니 스님은 그가 스님이라고 나에게 귀뜸했다. 마침 점심 무렵이었다. 우리 셋은 함께 식사공양을 하게 되었고, 그 스님과 나는 자연스럽게 말문을 열었다.

그 스님은 피아골 깊은 곳에서 지낸다고 했다. 이리
저리 떠돌아다니다가 산중에 홀로 지내는 어느 목수를
우연히 알게 되어 한동안 함께 살았는데, 목수는 스님
이 그곳을 뜨자마자 닷새 만에 갑자기 세상을 떴다고
했다. 마을사람들은 그곳에서 스님이 다시 계속 살기
를 바랐다.

그래서 그곳에서 당분간 지내고 있다는 것이었다.
지리산 일대에서 그만한 장소도 드물다고 했다. 거기
서는 칠불암이 내다보인다고 덧붙였다.

점심을 마친 뒤 그 스님이 별채에서 작업하는 사이,
나랑 친숙한 비구니 스님은 이전에는 전혀 모르던 저
스님을 정말 뜻밖의 장소에서 뜻밖에 만났으며 이렇게
뜻밖의 큰 도움을 받고 있노라고 설명했다.

들어보니 범상한 인연처럼 여겨지지 않았다. 비구
니 스님이 그를 맞닥뜨린 곳은 읍내 철물점이었다. 철

193

순수한 이타를 만나다

물점 주인과 집수리에 관련된 대화를 나누는 것을 옆에서 우연히 듣게 된 그가, 골치 아픈 서까래 칠 작업을 다른 방법으로 할 수 있는 대안을 친절히 가르쳐 주더라는 것이었다.

그 양반은 작업복 차림이었지만, 비구니 스님은 한눈에 그가 스님 같다는 느낌이 들어 물어보니 그렇다고 대답했다. 둘은 잠시 대화를 나누게 되었고, 피아골 스님은 언제 한번 비구니 스님의 암자를 찾아가겠다고 그냥 지나가는 말투처럼 얘기했다는 것이다.

그런데 어느 날 정말로 피아골 스님이 찾아왔다. 피아골 스님은 비구니 스님에게 철물점에서 만났던 일을 상기시키면서 그때 비구니 스님의 거칠고 멍든 손을 보니 무척 마음에 걸려서 찾아오게 되었다고 밝히더라는 것이다.

그날 이후 두 주일째 피아골 스님은 부탁도 받지 않았는데 아침마다 스스로 나타나서 거의 온종일 작업을

194

도와주고 있다는 것이다. 나도 집수리를 해 봐서 알지만 서까래 청소와 회칠 작업은 보통 사람은 엄두도 내지 못하는 고되고 어려운 일이다.

작업도 작업이지만 오랜 시간을 고개를 꺾어 쳐들고 천장을 바라보며 일한다는 것은 한마디로 장난이 아니었다. 이런 힘든 일을 비롯해서 벽에 황토를 바르거나 뻑뻑한 해우소 문을 부드럽게 잡아 주는 등 손길이 필요한 온갖 잡일들을 피아골 스님은 벌써 여러 날 동안 묵묵히 봉사 중이었다.

내막을 알게 된 나는 '부처님이 피아골 스님을 데려다준 모양'이라고 너스레 떨었지만, 비구니 스님은 정말로 그런 것 같다고 진지하게 말했다.

더 이상 그곳에 있어 보았자 방해만 될 것 같아 나는 물러나면서, 혹시 이따 저녁때 두 분 스님을 위해 요깃거리를 챙겨 다시 와도 되겠느냐고 조심스레 물었다. 두 양반은 나의 제안을 흔쾌히 받아주었다.

순수한 이타를 만나다

초저녁에 나는 다시 두 스님을 찾아갔다. 나의 재방문이 구실이 되어 두 스님은 하루 종일 고단했던 일손을 멈추고 함께 저녁 요기를 했다. 우리 셋은 이런저런 이야기들을 두런두런 나눴다.

이야기 중에 피아골 스님이 과거에 잡초를 뽑던 에피소드가 퍽 인상 깊게 귀에 꽂혔다.

새벽 4시부터 밤 10시까지 쉬지 않고 잡초를 뽑았는데 밤이 깊은 줄도 몰랐다고 하면서, 사방이 캄캄해졌는데도 온종일 잡초만 상대하다 보니 풀들이 눈에 여전히 잘 보이더라고 했다. 듣고 있던 비구니 스님이 말했다.

"잡초 일념 수행을 하신 거네요."

피아골 스님을 같은 날 두 번이나 뵙다 보니 그분의 용모와 분위기가 차츰 익숙하게 다가왔다. 따뜻함과 냉정함이 동시에 배어나는 풍모를 지니고 있었다. 그러고 보니 아까 처음 얘기를 나눴을 때, 그분이 스치듯 한마디를 툭 던졌던 게 생각났다.

"내생来生이 어떻게 될지는 알 수 없으니 금생今生에 끝을 봐야겠지요."

그 스님이 말한 '끝'이란, 인간의 낳고 죽음과 인생에 대한 '해답'을 찾는 일이구나 여겨졌다. 실마리 하나를 끊임없이 따라가면서 수십 년을 보낸 고독한 수행자의 한마디였다.

그는 무슨 인연의 작동으로 철물점에서 비구니 스님을 만나 자기 자신도 예상 못했을 장소에서 온몸을 던져 보시布施하고 있는 것일까. 자신의 법명대로 살아가는 분일까. 그 스님의 법명은 실제로 '이타'利他였다. 이타 스님 그분을 나는 또 어떤 인연으로 만나게 된 것일까.

자신의 법명을 묻는 나의 질문에 그는 독백하듯 말 끝을 흐리며 이렇게 답했다.

"자리이타自利利他가 보리살타菩提薩埵로 …."

보리살타는 깨달음을 얻은 이가 떠나지 않고 중생을

보살피는 것을 의미한다.

　나는 훗날에도 이분을 인상 깊게 기억할 것 같다는 느낌이 들었다. 그는 오늘밤에도 깊은 산중에서 홀로 마음의 잡초를 뽑고 있을 것이다. 이미 다 뽑았을까. 그의 내면에 쌓여 있을 공력을 나로서는 알 수 없다.

시종일관하는 존재

50년 이전에 내가 분명히 거기에 있었던 장소에, 50년을 훌쩍 지나서 다시 놓인 느낌은 참으로 묘했다. 그토록 오래전 어린 꼬마였던 나는 어디론가 사라지고 없었고, 환갑도 이미 지난 나이 든 인간 하나가 대신 그 자리에 와서 자기의 흔적을 더듬고 있었다.

어린아이가 중노인으로 대체된 이 두 인간을 연결하는 맥락은 무엇일까?

무등산에서 멀지 않은 곳에 있는 그 초등학교는 올해로 120년째 유지되고 있었다. 나는 1960년대에 이 학교를 5학년까지 다녔다. 5학년 때 서울로 전학 갔다. 세월은 많이 흘렀지만, 그때의 여러 가지 기억들은 지금도 여전히 내 안에 생생하다.

내 인생 중에 그 초등학교를 다니며 보낸 5년은 분명하게 내가 통과한 나의 삶이었다.

내가 그 학교를 떠나 전학 가던 날, 일제강점기 때 지어져 지금도 사용 중인 그 붉은 벽돌 건물의 복도에서 나는, 정든 곳을 떠나야 하는 슬픔과 서러움, 그리고 완전히 낯선 서울 생활에 대한 까닭 모를 두려움이 뒤섞여 방금 친구들과 작별하고 나온 교실을 계속 돌아보면서 하염없이 펑펑 울었다.

지금은 학교 정원으로 꾸며진 그 자리에는 토끼 사육장이 있었다. 나는 토끼를 책임지고 키워야 하는 토끼 당번이었다. 그 옆 건물은 강당이었다.

학생은 넘치고 교실이 모자라 강당에 칸막이를 한 교실에서 나는 3학년 새 학기 어느 날 담임선생님이 나눠준 국어책을 설레는 마음으로 펼치다가, 나무꾼이 메고

가는 지게 위 나뭇더미에 노랑나비 한 마리가 날아와 앉아 있는 그림에 한참 동안 푹 빠져 물끄러미 바라보던 기억이 너무나 선명하다. 바로 그 노랑나비가 나였을까.

1학년 입학 직후 새로 만난 내 짝꿍 여자아이 이름은 '김○○'였고 그 아이는 아버지가 의사였으며 서울에서 왔다고 몸집이 통통하셨던 담임 박 선생님이 소개해 주었다. 단정한 옷차림에 얼굴이 하얀 아이였다.

그 아이가 필통 뚜껑을 열었을 때, 당시에는 드물었던 연필깎이 기계로 깔끔하게 깎아진 샛노란 미제 새 연필들이 가지런하게 가득 들어 있는 것을 훔쳐보면서 놀라움과 부러움을 느꼈던 기억도 있다.

이렇듯 나는 틀림없이 그 시절을 통과했다. 나의 분명한 기억들이 그 증거인 셈이다. 하지만 그 꼬마는 어디론가 사라지고 없었다. 꼬마의 몸을 구성했던 어린 세포는 50년 넘게 분열에 분열을 거듭해 주름진 늙은 몸뚱이로 변해 있었다.

시종일관하는 존재

그리고 지금 60대에 접어든 나는 도저히 꼬마라고 부를 수 없다. 그 꼬마라고 인정받지 못한다. 나의 내면 의식에는 60여 년만큼의 나이테가 새겨져 있다. 지금 나의 의식 활동과 수준은 50여 년 전 그 꼬마 수준이 아니다. 이 몸뚱이를 지니고 다니는 정신의 상태도 크게 달라져 있다.

10살 안팎의 그 꼬마가 20대와 30대 그리고 40대와 50대를 거쳐 통과한 뒤 이렇게 60대에 이르러 있는 것을 보면, 그 꼬마는 정녕코 지금 나의 모태임에 어김없을 것이다. 그러나 그 꼬마는 과연 지금의 나랑 똑같다고 할 수 있을까? 꼬마는 50년 넘게 변하고 또 변했다.

몸과 마음이 '달라진 나'와 '이전의 나' 사이에는 어떤 연결고리가 있는 것일까? 바로 이 의문이 지금 내가 당신에게 말하고 있는 이야기의 핵심이다. 늙어 버린 나는 그 교정 한구석에 잠시 앉아서 '연결고리'에 대해 골똘한 생각에 잠겼다.

그때나 지금이나 변치 않고 같은 것은 무엇일까? 태어나서 60년이 넘도록 한결같은 그것이 있다면, 그것이 바로 '변함없는 나'일 것이다.

맞다! 그 꼬마일 때도 그리고 지금도 나는 숨을 들이쉬고 내쉰다. 나는 그때도 밥 먹고 신진대사를 했으며, 지금도 여전히 밥 먹고 신진대사를 한다. 그때도 이리저리 움직였으며 지금도 이리저리 움직인다. 그러다가 그때도 밤이 되면 잠을 잤으며 지금도 그렇다.

그렇다면 변함없이 이렇게 일관되게 공통적인 삶의 행위를 하고 있는 존재가 분명히 내 안에 있다. 내가 태어나서부터, 아니 몸을 받아 태어나기 이전부터 어떤 '생명의 에너지'가 움직여서 여태껏 살아온 것이 틀림없다.

나의 몸뚱이는 써온 만큼 낡아가고 있다. 앞으로 별일 없다면 대략 20년가량 조금 더 사용하다가 버리고 떠나야 할 몸뚱이다. 몸뚱이는 결국 버려진다. 나중에

시종일관하는 존재

는 이 몸뚱이마저 허물 벗듯 벗어나야 한다.

그러니 핵심은 몸뚱이를 빌려 쓰고 있는 존재, 바로 그자다.

태어나서 마감할 때까지 한순간도 쉬지 않고 한순간도 어디로 가지 않고 숨 쉬고 신진대사를 하고 행주좌와行住坐臥를 하고 어묵동정語默動靜 하는 그 존재가 내 안에 있다. 그리고 당신 안에도 똑같이 있다.

시종일관하는 그 존재는 무엇일까? 시종일관 나를 관통하고 당신을 관통하고 있는 그 존재는 누구일까?

나는 이 의문을 떨쳐 버리지 못하고 약 30년째 지니고 산다.

산까치에게 배우다

산자락 마을에 새벽부터 줄기차게 비가 내린다. 사방은 조용하다. 처마 물받이에 빗물이 떨어지는 소리와 틈틈이 새 소리만 들린다.

오늘은 나들이하기에도 틀려먹었다. 원래 할 일이 없는 데다가 비까지 주룩주룩 내리는 바람에 더욱 할 일이 없어진 나는, 그나마 아침 요기를 할 일 삼아 꼼지락거렸다.

어제 절 경내 찻집으로 불쑥 찾아간 나를 반갑게 맞이하던 후배가 작별할 때 챙겨 준 솔잎가루를 우유에 풀어, 산 너머 다른 동생이 건네준 인절미 세 조각으로 식사를 때웠다. 커피 한잔 데워 마시니 그것으로 충분했다.

장작불을 땔까, 아니야 아침부터 미리 때면 저녁에 또 때야 하니까 장작을 아껴야겠지. 심심해진 나는 TV를 켰지만, 아무리 무료해도 그렇지 재미도 없고 시간도 왠지 아깝다는 생각이 들어 곧 끄고 말았다. TV는 이따 밤에 잠들기 직전에 최면용催眠用으로 보면 돼.

그러면 이제 뭘 하지? 나는 공연히 구들방 안을 오락가락하다가, 새 소리에 방문을 열고 밖을 내다보았다. 야! 저 녀석들은 이 빗속에서도 정말 치열하고 부지런하구나! 인간은 이렇게 게을러터졌는데….

굵어진 빗줄기에 산까치 몇 마리가 이리저리 우왕좌왕 날아다니고 있었다. 새들은 이런 날엔 끼니를 굶기도 하는 것일까. 나로서는 아는 게 없다.

아까 헌 냄비에 담아서 비를 피해 부뚜막 입구에 놓아둔 빵 조각 일부분이 뜯겨 나간 것으로 미루어, 이곳을 지나다니는 고양이는 나름대로 요기를 한 것 같았다. 외식할 때를 빼고는 내가 육식이나 생선을 일부러 차려 먹는 적이 없으니 고양이도 나한테 얻어먹는 재미는 없을 것이다.

그때였다. 아랫집 너머 전깃줄에 까치 한 마리가 비를 그대로 맞으며 날아가지도 않고 가만히 앉아 있는 게 눈에 들어왔다. 근처 솔밭으로 몸이라도 피하지 않고서 그냥 온몸에 비를 맞으며 움직이지 않고 한참을 그냥 있었다.

나는 한참 동안 그 까치를 바라보았다. 까치는 다른 곳으로 날아가지 않고 날개를 접은 채 그저 계속 비를 맞고 있었다. 아예 날아가기를 체념한 것일까. 이런 빗줄기라면 어디론가 날아가야 하지 않을까.

그런데도 그냥 있는 그 까치의 행동이 궁금해져서 나는 그놈을 물끄러미 보았다. 지금 저 녀석도 나를 구경하는 것일까. 우리는 둘 다 한참을 마주 보고 있었다.

산까치에게 배우다

그러다가 그 까치가 비에 저항하는 게 아니라 '순응'하고 있다는 생각이 문득 들었다. 까치한테 나처럼 '불만'이라는 게 있기는 한 것일까 하는 생각이 들었다. 까치는 비가 내리니 그냥 비 오는 상황을 있는 그대로 '해석'을 내리지 않고 받아들이는 것이라고 여겨졌다.

나로서는 나한테 주어지는 상황이 내 마음에 들지 않거나 나의 욕망 전개에 걸림돌이 된다고 '해석'하면서 곧장 '불만'으로 떨어지는 일이 얼마나 많던가.

까치에게서는 '저항'의 기색이 보이지 않았다. 까치는 그냥 흐름을 그대로 받아들일 뿐이었다. 그러나 내 안에는 끊임없이 '해석하는 자'가 시끄럽게 자리 잡고 있는 경우가 허다했다. 언제나 그자가 문제였다. 그자가 문제를 일으키곤 했다.

'해석하는 자'보다는 '해석으로부터 자유로운 자'가 훨씬 평화로울 수밖에 없을 것이다.

나는 비 내리는 산골에서 까치 덕분에 또 한 가지를 배웠다. 까치 선생! 고맙소! 수업이 끝나자 잠시 후 까치는 어디론가 날아갔다.

산까치에게 배우다

서로 다른 소용

산 너머 함양 산골에 도시에서 새로 옮겨 온 후배를 만나러 갔다. 후배의 거처는 기운과 풍광이 빼어났다. 방 안 잠자리에 누운 채로 깨어나면 천왕봉이 보이는 멋진 전망을 갖고 있었다. 비탈진 논에서는 밤이 되자 개구리들이 요란하게 마을의 정적을 깨트렸다.

지붕 바로 위쪽에는 수백 년 묵은 느티나무가 널따란 데크를 둘러 감고 무성한 잎사귀들로 여름 뜨거운 햇살을 잘 막아 줄 게 틀림없어 보였다. 느티나무 데크는 10명이 앉아도 너끈할 정도여서 한여름에 편한 사람들끼리 술 한잔 나누기에 최상의 자연 카페가 될 참이었다.

계곡을 타고 바람이 얼마나 시원하게 불어 주기에 저런 이름이 붙여졌을까, 그 느티나무 쉼터 앞에는 맑은 바람이 분다는 '청풍대'라는 팻말이 보였다. 아주 훌륭한 거처를 얻은 걸 보니 전생에 좋은 일 많이 한 모양이라며 내가 부추기자, 후배는 기분이 좋아진 듯 미소 지었다.

나는 후배의 기분을 더욱 북돋아 주려고, 작은 마당 낮은 담 옆에 일구어 놓은 미니 텃밭을 가리키며 무척 앙증맞은 사이즈라 중노동을 하지 않으면서 땀 흘릴 수 있는 보람찬 야채 산지가 될 것이라고 바람을 잡았다.

나는 후배에게 선물로 가져간 어느 스님이 그린 달마 액자와 책 몇 권을 내밀었다. 후배는 차를 끓여 내놓으면서 자신의 인생에 대해 짧막하지만 심지 있는 이야기를 털어놓았다.

자신은 남들이 보기엔 도시에 사는 것처럼 여겨졌을지 모르지만, 사실은 25년 동안 전북 무주의 산속 오두막에서 지내왔다고 했다. 다만, 먹고사는 문제와 교

분 관계로 도시를 자주 드나들긴 했어도 그 세월 동안 기본 거처는 줄곧 산속이었으며, 거처는 실제로 쓰러져 가는 흙집이었다고 말했다. 그동안 살면서 한 달에 50만 원 이상을 써 본 일이 없다고 했다.

그러다가 후배는 그 오두막집에 살았을 때 벌어진 에피소드 한 토막을 들려주었다.

살림살이라고 할 만한 것들은 거의 없었지만, 책은 꽤 많은 편이었다. 그러나 워낙 집이 비좁아서 책을 여러 박스에 넣어 둔 채로 보관했는데, 어느 날 객지에서 돌아와 보니 책들이 모조리 없어졌다.

이웃 할머니한테 물어보니 할머니 대답이 너무나 어처구니없고 놀라웠다. 모처럼 고물장수가 왔기에 그 책들과 바꾸어 필요한 물건들을 조금 얻었다는 것이었다. 도대체 무엇을 얻으려고 그 많은 책들을 주었느냐고 했더니, 할머니는 천연덕스럽게 이렇게 대답했다.

"강냉이가 너무 먹고 싶었는데 강냉이 한 소쿠리랑

그리고 빨래비누가 너무 필요했는데 비누 3개랑 ….
그런데 나는 소용없어 버리는 책들인 줄 알고 그랬지."

예상 밖의 대답을 들은 후배는 잠시 생각하다가 할
머니에게 이렇게 대꾸해 주었다고 했다.

"할머니, 잘하셨어요. 정말 필요한 것을 얻으셨네요."

이 이야기를 전해 들은 나는, 그 책들이 소용없어진
게 아니라 아마 인연을 찾아서 제 갈 길을 갔을 것이라
고 말해 주었다.

돌아오는 길에 나는 이 에피소드를 떠올리며 잠시
생각에 잠겼다.

'사람마다 저마다 정말로 소용이 있는 것들은 무엇
일까? 소용이라는 것은 정말 사람에 따라 달라도 많이
다르구나.'

나의 삶에 참으로 '소용' 있는 것들은 무엇일까. 그러
고 보니 내 안팎에 소용없을 듯한 것들이 너무 많은 것
같다.

일심불란 一心不亂

외부 사람은 그 절에 1년에 딱 한 번 음력 4월 초파일 석가탄신일에만 출입이 허용되었다. 경내에 있는 그 암자로 스님을 찾아가려면 기회는 그날 하루뿐이었다. 나는 새벽 4시에 일어나 출발했다. 절 입구에 도착하니 아침 7시를 막 지나고 있었다.

새벽 3시 무렵이면 벌써 깨어나 활동하시는 스님은 이제나저제나 하며 나를 기다리고 있었다. 가톨릭 신자인 내 딸아이는 전날 회사일이 매우 늦게 끝나는 바람에 새벽 1시 넘어 귀가했는데도 불구하고, 저도 스님을 한번 뵙고 싶다며 스스로 일어나 나랑 동행했다.

큰딸아이는 스님과 나의 오랜 인연에 대해 나를 통해 익히 알고 있었다. 그러나 스님과 큰딸아이는 여태껏 만난 적이 없었다. 모두 가톨릭 신자인 집사람과 작은딸아이는 스님을 몇 번 뵌 적이 있었다. 그러던 참에 큰딸아이가 나를 따라나선 것이었다.

스님은 우리 부녀를 반갑게 맞이했다. 스님은 오래 전부터 발에 통증이 있어 비탈진 곳을 오르내릴 때 약간 절뚝거리셨지만, 내색하지 않고 우리를 절 경내와 돌부처가 있는 계곡으로 안내했다.

계곡 오솔길을 따라 내려올 때 스님이 말했다.

"이곳은 기운이 맑고 감추어진 느낌 없이 모두 드러내고 있어요."

스님이 머무는 암자 가까이 되돌아왔을 때 스님은 다시 말을 이었다.

"저기 동그랗고 하얀 공 모양의 부도浮屠 보이지요? 백 살 넘게 사신 스님을 모신 곳입니다. 그분은 다른 스님들이 꽤 나이가 들어 세상을 떠나는 것을 접할 때마다, '아니, 그 사람 아직 젊은데 떠났단 말이야?' 이렇게 말씀하시곤 했지요. 허허허!"

백 살을 넘기신 큰스님은 어느 날 방에서 인기척이 없어 시봉侍奉하던 스님이 들어가 보니 주무시던 채로 조용히 입적入寂하셨다고 했다. 그 스님이 벗어 놓고 떠난 몸은 아직 온기가 남아 있었다고 했다.

그 이야기를 들려주면서 스님은 우리 둘에게 이렇게 덧붙였다.

"생전에 그분은 무척 편안한 분이셨어요. 스스로 편한 사람이 오래 사는 것 같아요."

그 이야기 속 주인공 스님의 법명은 '월봉'이었다. '산봉우리 위에 뜬 달'이었다. 그분을 모신 부도의 모양은 특이했다. 달처럼 둥그런 큰 공이 큰 방석 위에 올라앉아 있었다. 평생을 방석에 앉아 수행하시다가 마침내 '둥근달'이 된 것이었다.

217
일심불란

스님은 우리 부녀에게 차를 끓여 주었다. 스님이 최근에 멀리 지리산에서 이곳 문경새재 근처로 옮겨 머물게 된 절은 수행풍토가 전국에서 가장 엄격하기로 이름난 곳이었다. 초하루와 보름날에만 휴식일이 주어지지만 다른 선방禪房과 달리 휴식일에도 특별한 사유가 없는 한 바깥세상 외출은 금지되어 있었다.

예전에 작가 최인호 씨가 지나는 길에 이곳의 스님을 만나러 찾아왔다가 끝내 절 안에 들어가지도 못하고 어쩔 수 없이 발길을 돌렸다는 에피소드가 전해지고 있었다. 나는 스님이 여태껏 지리산골 암자에서 오랫동안 홀로 수행하다가 굳이 계율이 엄격하고 수행승들이 많은 곳을 선택한 까닭을 대충 짐작했지만 에둘러 한마디를 스님에게 물었다.

"지리산에 계실 때는 종종 적적하실 때 저를 비롯해 주변 지인들을 만나면서 지내셨는데, 이곳은 아예 속세와 접촉이 차단되어 있으니 이전보다 더 적적하시겠네요?"

스님은 담담하게 그리고 짧게 대답했다.

"산에나 다녀야지요."

스님과 차를 마시는 동안 아까부터 큰 거미 한 마리가 방바닥에서 움직이지 않고 마치 박제처럼 그 자리에 있었다. 딸아이와 내가 떠나면, 거미는 스님과 암자 방 안에 함께 사는 유일한 도반道伴이 될 참이었다.

스님과 작별하고 절을 벗어나는 길 위에서 나는 앞으로 나의 지리산 생활이 나 또한 더욱 적적해질 것이라는 생각을 하고 있었다. 가끔 산 너머 스님을 만나러 가는 일은 그동안 나에게는 큰 낙이었는데 이제 그럴 일이 없다는 서운함이 가슴 한구석에서 슬며시 나를 찔렀다.

일심불란

하지만 나는 이내 생각을 고쳐먹었다. 내가 가야 할 길이 있듯이 스님도 스님의 길이 있었다. 더구나 스님은 10대 시절 출가한 이래 이미 50년 동안 그 외길을 걸어온 것이었다. 일생 동안 단 하나의 실마리를 붙들고 살아온 것이었다.

평생을 오로지 한 가지에 몰두한 것이었다. 그 모습은 천하에서 가장 고독한 것이었지만, 그러나 나를 포함해 주변을 끊임없이 적시어 온 것이었다. 그 모습은 '일심불란'이었다.

내 마음은 아직도 이런저런 잡티가 섞여 다심소란多心騷亂하다. 내 속에 내가 너무도 많다.

청산은 원래 움직인 적 없는데青山元不動 흰 구름만 저 혼자 오고 간다白雲自去來.

내 안의 청산은 어디 있을까.

지리산 리세팅

서울 볼일을 마치고 산골에 되돌아올 때 남원 땅에서 멀리 지리산이 보이기 시작하면, 언제나 전혀 다른 세상에 들어서는 느낌이 되살아나곤 한다. 그리고 세상과의 '관계'에서 다시 벗어나 '나 홀로 상태'로 모든 것이 초기화되는 기분이 든다.

도시와 산골이라는 극명하게 대비되는 두 가지 색채의 환경에 번갈아 가며 놓이는 일은, 내 자신을 좀더 명확하게 파악하고 내 마음의 흐름을 더욱 미세하게 읽어내기에 적합하다.

서울에 놓이면 왠지 모르게 시골티가 배어나고, 산

골에 놓이면 왠지 도시물이 덜 빠진 듯한 어설픈 이중 첩자 같은 냄새를 풍기지만, 그러나 나의 오래된 심지는 지리산에 깊은 뿌리를 박고 있다는 걸 스스로 자명하게 느끼며 지낸다.

왜냐면 서울에 머무는 시간이 이런저런 사정으로 약간만 길어지더라도, 벌써 마음은 지리산 쪽을 쳐다보며 내뺄 궁리를 시작하니 말이다.

그렇다고 해서 지리산 복귀에 중뿔난 것은 하나도 없다. 산골 거처에 들어서는 순간부터 언제 그랬냐는 듯, 해야 할 일이나 쫓기는 일이 도무지 없는 그야말로 날백수 상태가 되고 만다. 덩그러니 '나 홀로' 상태가 되면 불과 몇 시간 전까지만 해도 나랑 이리저리 연결돼 있던 '관계와 접속'의 끈들이 툭툭 끊어져 나가면서 해체되고 만다.

지리산에 들어서면 아까 서울 집 대문에서 나를 배웅하던 가족들도 어느새 눈앞에서 사라지고 안 보인다.

223

지리산 리세팅

바로 어제 저녁 정답게 소주잔을 기울이던 서울의 벗들도 안 보인다. 나를 둘러싸고 주변 가까이 있던 지인들도 모조리 어디로 가고 이곳엔 없다. 그야말로 인간이라곤 나 하나뿐이다.

그런데도 나는 왜 자꾸만 이곳에 마음을 들이미는 것일까. 내 마음의 바탕에 직장시절부터 지리산이 녹아든 지 어언 30년쯤 되고 보니 지리산은 나에게 언젠가부터 그냥 삶의 일부가 되어 있다가 이제는 사실상 삶의 전부로 확장된 셈이다.

서울에 주로 뿌리를 두고서 가끔 콧바람 쐬러 지리산을 찾는 게 아니라, 지리산에 뿌리를 박고서 종종 서울을 염탐하듯 드나드는 나의 이 패턴은, 부인할 도리 없이 오랜 세월 내 스스로 자초하면서 만들어온 것이다.

그것은 내 삶에 대한 일종의 '갈증'이었을 것이다. 심지어 과거 직장생활이 바삐 돌아갔을 때에도 나는 사무실 책상 언저리에 지리산 풍경사진을 붙여 놓거나, 지리산 기슭 보리밭에서 뽑아 온 키 작은 보리 한 그루나 섬진강변에서 꺾어 온 매화가지를 생수병에 꽂아 놓고 툭하면 물끄러미 쳐다보던 습관이 있었다.

그렇다. 나는 일찌감치 '탈출'을 꿈꾸며 살았다.

번거로운 세상 한복판에서 내가 잘나가든 못 나가든 거기는 늘 내 자리 내지는 제자리가 아닌 것 같은 엇박자의 느낌이 들곤 했다. 나의 이런 마음속 시간들과 공간들은 한마디로 '방황'이라고 불러도 틀릴 게 없었다. 나는 자꾸만 어딘가를 향해 두리번거렸다.

나는 내 마음속 어딘가에 있는 '벗어나는 문'을 끊임없이 더듬거렸고, 그 문을 하염없이 두드렸다. 나는 정체를 알 수 없는 나의 본바탕을 어슴푸레 마주할 때마다 눈을 비볐다. 바로 거기에서부터 첫 단추가 제대로 꿰어져야만 할 것 같았다.

나는 나를 되풀이해서 추스르고 추슬렀다. 내 마음

지리산 리세팅

이곳저곳에 덕지덕지 붙은 해묵은 부스럼 딱지들을 떼어내며 새살이 돋기를 바랐다. 나는 처음에는 내 인생의 종주縱走 배낭을 그럴싸한 온갖 것들로 가득 채워야 하는 줄 알았다. 그러나 시간이 흐를수록 나는 배낭 속 잡동사니들을 버려야 했다. 자연스럽게 그렇게 되어 갔다.

자연스럽다는 것! 원래 주어진 모양대로 왜곡하지 않는 것! 인위적으로 가미하거나 탈색하지 않는 것! 나는 이런 것들을 새로 배우기 시작했다. 그 배움의 터전이 나에게는 바로 지리산이었다.

지리산은 그러는 나를 언제나 흔들어 깨웠다. 지리산은 매번 나를 리세팅했다. 지금은 오히려 가끔 미끄러지고 굴러떨어지는 일조차도 감사할 따름이다. 손을 털고 일어서는 일은 넘어진 곳에서만 가능하다는 것을 나는 알게 되었다. 번뇌는 깨어남의 실마리였다.

지리산 리세팅

한국인 조르바

완전히 소멸된 줄 알았던 인연이 뜻밖에 되살아나는 일은 참으로 알 수 없는 오묘한 작동이다. 10년 가까이 소식이 감감하던 그 선배가 가끔 생각날 때면 안부가 무척 궁금했었다. 나보다 14살 위인 그 양반은 오래전 직장 초년병 시절 내가 어느 부서의 막내였을 때 부장이었다.

그는 여느 선배들하고는 많이 달랐다. 날카롭고 두뇌 회전이 빨랐지만 왠지 모르게 우수에 찬 분위기를 풍겼다. 회사 조직의 어엿한 간부였으면서도 내 눈에는 항상 제자리가 아닌 곳에 놓여 있는 사람 내지는 언제라도 어디론가 탈출할 것 같은 일촉즉발의 느낌을 주는 사나이였다.

가끔 그는 저녁에 회사일이 끝나면 다른 사람들 모르게 나를 조용히 불러서, 나지막한 목소리로 선약이 있느냐고 묻고는, 없다고 하면 눈치채이지 않게 나를 단골 술집에 데리고 가서 밤늦도록 얘기를 나누며 마시기를 즐겼다.

나는 당시 막내였던 만큼 온종일 바삐 굴러가느라 저녁 무렵이면 늘 피곤한 편이었기에, 연배 차이가 많이 나는 그 선배의 술벗 노릇이 다소 버거울 때도 없진 않았다. 하지만 내가 이렇다 할 여자친구도 없는 떠꺼머리총각 시절이어서 일과 후에는 딱히 소일거리도 없었을뿐더러, 그 양반과 거나하게 한잔 걸치다 보면 서로 왠지 죽이 잘 맞아서, 나도 은근히 익숙해져 갔다.

그 당시 대부분의 회사선배들은 시대적 분위기에 영향을 받아 권위주의적인 데가 많았지만, 그는 그런 구석이 전혀 없었다. 무척 자유분방했다. 얽매이는 걸 싫어했고 일을 냉정하게 열심히 하면서도 사적인 술자리에서는 나를 함부로 대하는 적이 없었다. 그런 그를 나는 편한 형님처럼 때로는 감히 친구처럼 여겼다.

그는 취기가 돌면 언제나 어딘지 모르게 애잔함을 풍겼다. 무척 고독해 보였다. 같은 남자로서 나는 그의 내면을 이해할 수 있을 것 같았다. 아마 그도 나의 분위기가 자기랑 어울린다고 느꼈을 법하다. 그는 그렇게 그의 중년시절을 보냈고 나 또한 그렇게 나의 청년시절을 보냈다. 우리 두 사람의 공통점은 '해소되지 않는 갈증'이었을 것이다.

🌿

그는 1980년대 중반 무렵 마침내 방송국을 떠났다. 남들은 한 번도 하기 힘든 워싱턴 특파원과 홍콩 특파원을 잇달아 역임했던 그는, 당시에는 적성敵性 국가였던 중국에 몰래 취재차 잠입한 사실이 들통 나는 바람에 정보기관에 끌려가 곤욕을 치르기도 했다.

그가 여러 날 안 보이다가 다시 회사에 출근하던 날, 몰래 숨겨 두었던 중국에서 찍은 사진들을 나에게 슬쩍 보여주면서 호기롭게 웃던 기억이 지금도 생생하다. 나는 그가 멋지다고 생각했다. 그는 자기가 하고 싶은 일이나 마음 내키는 일에 주저하는 법이 없었다.

그가 회사를 그만둔 이후 나는 그를 벨기에 브뤼셀에서 다시 만났다. 그는 대사관에서 근무하고 있었다. 내가 회사 연수차 프랑스에 가 있을 때였다. 우리는 반갑게 다시 해후했다. 그날도 우리는 머나먼 이국땅에서 다시 취했다.

나는 그날 얼마나 퍼마셨던지 거기가 서울인 줄 알고 집에 간다며 그의 아파트를 나와서 한동안 낯선 거리를 헤매다가, 찾으러 나온 그에게 발견돼 외국 미아 신세를 가까스로 모면했다.

그 후로 그는 이번엔 중국으로 건너갔다는 소식이 들렸다. 한마디로 그는 '국제 홍길동'이었다. 훗날 알게 된 사실이지만 그는 중국 사회과학원에서 연구원으로 지내면서 한참 동안 중국에 심취했다. 그는 항상 자기가 원하는 곳에 있었고 놓이고 싶은 곳에 놓였다.

이런 그와 상당히 오랫동안 소식이 끊겼다. 그러다가 여러 해 전 서울의 어느 번잡한 대형 마트에서 얼핏 그로 여겨지는 모습을 스치듯 보았다가 놓친 이후로, 그의 소식은 감감했다. 주변에 아무도 그의 근황에 대해 아는 사람이 없었다.

나는 이곳 지리산에서 홀로 지내며 가끔 그가 생각날 때가 있었고 그와 연락이 닿는다면 반갑게 초대하고 싶은 마음이었지만, 어찌할 도리가 없었다. 그와의 인연은 아쉽지만 이것으로 끝난 줄 알았다.

하늘의 작동일까. 바로 며칠 전 나는 잘 기억나지 않는 낯선 전화를 받았다. 받고 보니 집사람의 성당 교우였다. 이 사람은 작년에 집사람이 다니는 성당 사람들이 지리산에 여행 왔을 때, 그 일행 중 유일한 남자로 나랑 인사를 나눈 적이 있었다.

하지만 이 남자와 나는 전혀 연락하고 지내는 사이가 아니었다. 나는 의아해져서 무슨 일이냐고 물었다. 이 남자 입에서 완전히 뜻밖의 이름이 튀어나왔다.

"김○○ 씨라고 아십니까? 지금 제 옆에 계신데 바꿔 드리겠습니다."

전화 너머의 목소리는 내가 보고 싶어 하던 그 선배였다. 내가 반갑고도 어리둥절해져서 영문을 물으니, 선배는 자기가 얼마 전부터 서울 내 집 근처 성당에 다니고 있는데 성당 그 남자와 얘기를 나누다가, 우연히 둘 다 나랑 아는 사이라는 사실을 알아차리게 되어 이렇게 연락이 닿았다는 것이었다. 기막힌 조우였다.

그 선배와 나는 곧바로 그다음 주 월요일 점심 때 마침내 오랜만에 다시 만나게 되었다. 나는 그를 만나기 위해 서울로 달려갔다. 지하철역 입구에서 두리번거리니 저만치서 멕시코 밀짚모자를 쓴 멋쟁이 사나이가 나를 향해 손을 흔들었다.

그의 얼굴에선 세월의 흔적이 진하게 묻어났지만, 그래도 역시 예전의 그다운 풍모는 여전했다. 우리는 과거에 친하게 지냈던 다른 지인과 셋이 함께 만나 근처 식당에서 낮술을 주고받았다.

선배 그 양반이 나에게 털어놓은 그동안의 이야기는 정말 그다웠다. 그리고 그가 살아온 최근 모습은 어쩌면 나랑 그렇게도 비슷하게 닮았는지 나는 우리 둘이 쌍둥이 같다는 느낌이 들었다. 그는 최근 7년간 깊은 산골

외딴집에서 가족과 떨어져 혼자 지냈다고 했다.

공교롭게 나도 올해가 지리산골 체류 7년째였다. 그는 산속에서 근처 암자의 스님과 교류하며 지냈다고 했다. 나도 산 너머 암자에 머물던 스님과 교류하며 지냈다.

그는 또 지난 10년 동안 뒤늦게 배운 모터사이클을 타고 전국을 누비고 다녔다고 했다. 그는 올해 78살이었다. 70이 다 되어 모터사이클을 배운 것이었다. 나도 지난 7년 동안 퇴직 후 새로 마련했던 자동차 마일리지가 마침내 30만 ㎞를 돌파하도록 전국을 누비고 다녔다.

이런저런 이야기를 들려주던 그가 스마트폰을 꺼내어 사진을 검색하더니 그것을 나에게 내밀어 보여주었다. 그 사진은 전혀 예상 밖이었다. 그 사진은 세상 떠난 사람이 들어 있는 '관'을 찍은 것이었다. 관은 여러 송이의 꽃으로 장식돼 있었다.

그는 또 한 장의 '관' 사진을 보여주었다. 이번에는 십자가 무늬로 장식돼 있었다. 그는 성당에서, 돌아가신 분들의 몸을 씻기고 감싼 뒤 관을 장식하는 이른바 염습 봉사를 하고 있었다.

한창 시절 풍운아처럼 살았던 그는 나이가 들어 산속으로 들어가 '혼자만의 시간들'을 보낸 뒤 세상에 다시 나와 '삶을 마감한 사람들'을 위해 자신의 여생을 바치고 있었다. 그는 아직 건강해 보였지만 그 역시 인생의 저녁노을을 맞이하고 있었다.

나는 그에게 내가 지리산에서 쓴 책을 건넸다. 다음 날 그에게서 문자가 왔다.

"참으로 반갑고 귀한 만남이었소이다. 책을 전해 준 마음을 오래 간직하겠소이다."

나는 내 인생길에서 이 양반과 깊고도 질긴 인연을 맺게 된 것을 마음 깊이 감사하게 받아들인다. 그는 내가 잊을 수 없는 인연이었으며 천지신명의 작동으로 다시 내게로 온 인연이었다. 내가 그를 다시 만나게 된 일은 그저 가볍게 지나칠 수가 없다. 여기에는 분명히 무슨 암시가 있을 것이다.

그는 더 이상 버릴 게 없어 홀가분해 보였다. 그가 그 숱한 세월 동안 이미 많은 것들을 버려왔기 때문일 것이다. 그의 얼굴엔 주름살이 늘어나 있었지만 그의 삶은 무척 경쾌하게 느껴졌다.

그는 한국인 '조르바'였다.

같은 하늘 아래에서

똑같은 하늘을 이고 살면서 어떤 이는 삶을 힘들어하고 어떤 이는 삶에 감사하며 있는 그대로 받아들인다. 누구는 삶의 강물을 역행하면서 고전을 면치 못하고, 누구는 그 강물에 자기를 내맡긴 채 작은 기적들에 그윽한 기쁨을 맛본다.

오늘 나는 동천同天 삼색三色을 보았다.

❧

지리산 남서쪽에서 산을 반 바퀴 돌아 지리산 북동쪽으로 차를 몰았다. 후배의 거처에서 처음 맞닥뜨린 그녀는 머잖아 70을 바라보는 중노인이었다. 첫눈에 주견이 강하고 고집스러운 기색이 엿보였다. 안경 너머로 눈초리는 깐깐했고 무엇이든 쉽사리 그 마음의 문턱을 넘지 못할 것 같은 딱딱함이 느껴졌다.

하지만 그녀에게는 다행스러운 조짐이 있었다. 그녀는 자신의 마음속에 까닭 모를 분노와 우울함이 자리 잡고 있다고 내비쳤다. 그녀가 자기 나이와 신상에 걸맞은 위엄을 놓치지 않으려 하면서 조심스레 약간만 열어 보인 그 마음의 빗장을 나는 슬며시 잡아당겼다.

그녀가 살아온 인생길은 존경받을 만한 것이었고 아무나 흉내 내기 어려운 것이었다. 무려 40년 가까이 상처받은 사람들과 정신적으로 뒤떨어지는 아이들을 돌보면서 헌신하고 살아왔다는 사실을 알게 되었다.

그녀가 챙겨 온 사람들의 상처와 어두운 기운들을 너무 열심히 빨아들인 것일까. 아니면 세상의 눈길에

갇혀서 자기 마음의 환기창換氣窓을 제대로 열지 못하고 살아온 것일까. 내가 보기에 그녀 인생길에 정작 그녀 자신은 없었다.

이제 나이가 들어 되돌아보기 시작한 자기 자신의 모습에 여기저기 상처가 생겨나 있다는 것을 깨닫게 되었다. 저 혼자서 똑바로 가누지 못하는 인생들을 쉴 틈 없이 단속하다 보니 항상 엄격하고 절제된 노릇을 해야만 했던 것이 자기 마음속에 울화로 누적된 것 같기도 하다는 심경을 털어놓았다.

자기 마음을 들여다보는 것에 관해 나는 그녀에게 나의 체험을 진심을 다해 들려주었다. 마음속 번뇌와 고통을 벗어나는 길이 있다는 것에 관해서도 내가 지니고 사는 것들을 그녀에게 정성껏 일러 주었다.

그리고 지도地圖 책은 실제 도착한 것이 아닌 만큼 길은 혼자서 직접 걸어가야 하지 않겠느냐고 그녀를 부추겼다.

이중섭, 〈날아오르는 여자〉, 1941.

신록이 무성한 야산 아래 논물이 햇볕을 가득 받아 반짝이는 평화로운 풍경을 가진 시골길 어느 커피숍 테라스에서, 그녀는 작별인사를 나누면서 마지막으로 입을 열었다.

"언젠가 스페인 산티아고 길을 걸어 보고 싶네요."

길은 어디에 놓이든 상관없지 않겠느냐고 내가 대꾸했다.

그 아주머니는 온종일 무척 바삐 움직여야 하는 삶을 살고 있었다. 자기와 친숙하게 지내는 내 후배를 따라온 우리 일행에게 그 바쁜 와중에도 때 이른 점심상을 날랜 솜씨로 정갈하게 차려 내주었다. 그 아주머니가 초대한 것이라고 후배는 귀띔했다.

하지만 그녀는 우리가 식사하는 동안에도 내내 우리와 함께 앉아 이야기를 나눌 틈이 없었다. 상차림을 마치자마자 간밤에 막 다녀간 수십 명의 여행객들이 남겨 놓은 각종 쓰레기 더미들을 종종걸음으로 부지런히 날랐다.

그녀는 풍광 좋은 산자락 계곡 가까이 세워진 상당히 큰 규모의 펜션을 임대로 맡아 혼자서 운영하고 있었다. 부엌 쪽을 힐끗 쳐다보니 수를 셀 수 없을 만큼 많은 밥그릇과 국그릇들이 깨끗하게 씻어져 수북이 쌓여 있는 게 보였다. 한 무리의 손님들이 들이닥치면 그녀가 쉴 새 없이 움직여야 하는 모습이 짐작되었다.

나는 우리와 얘기할 틈도 없이 바삐 움직이는 그 아주머니가 차려 준 정성스러운 밥상을 보자, 뻔뻔한 입맛이 도는 것에 속으로 민망했지만, 맛있게 먹는 것만이 보답이라고 자위하면서 한 그릇을 넘게 뚝딱 해치웠다.

식사하는 동안 그 아주머니가 어디엔가 전화를 걸어 통화하는 내용을 우연히 엿듣게 되면서, 나는 그녀가 틈틈이 사방에 베풀기를 소홀히 하지 않는다는 것을 저절로 알게 되었다.

"할아버지! 안녕하세요? 돼지고기 양념한 게 좀 있는데 자실래요? 바로 갖다 드릴게요."

그녀가 이웃 노인들에게 먹거리를 전해 주고 돌아오기 전에 나는 식사를 마치고 마당에 잠시 혼자 나와서 이리저리 둘러보았다. 넓은 마당은 티끌 한 점 없을 정도로 말끔했다. 울타리에는 정성스레 가꾼 게 틀림없는 예쁜 꽃들이 피어 있었고 돌 수반에 담긴 깨끗하고 맑은 물 위에 앙증맞은 야생초가 동동 떠 있었다.

이윽고 그녀가 돌아오자 우리는 서둘러 물러가는 것이 그녀를 돕는 것이라는 생각에 곧바로 자리에서 일어났다. 초면에 정말 미안하고 감사했으며 점심은 너무 맛있게 먹었노라고 내가 인사치레하자 그녀가 웃으며 대답했다.

"좋은 손님들이 오셨는데 제가 너무 바빠 죄송해요. 다음에 다시 한 번 오세요."

아무런 계산속이 없는 호의를 소나기째 온통 맞으며 그곳을 나설 때 나는 조금 더 숙성해져 있었다. 친절하고 상냥한 마음이 하는 일은 천 리를 넘어간다. 나는 그날 오후 내내 그녀가 베푼 푸근함에 젖었다. 그녀는 용유담 골짜기에 산다.

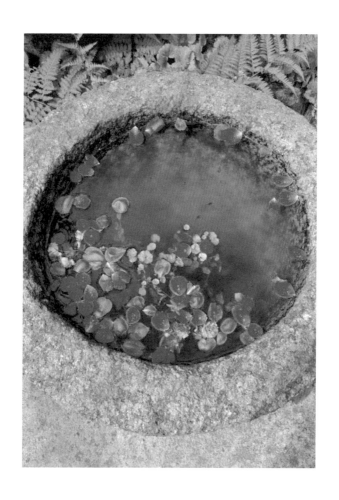

245

같은 하늘 아래에서

홀로 지내는 암자의 별채를 손보느라 여성인 비구니 몸으로 새벽부터 밤늦도록 온갖 잡일로 씨름하던 스님은, 급기야 지붕 위에까지 올라가 일을 하다가 내가 전화를 걸어온 것을 뒤늦게 알았다며 나에게 응답 전화를 걸어왔다. 초저녁이었다.

나는 스님의 일하는 모습이 상상돼 저녁식사나 대접해 드리려고 아까 전화를 걸었지만 스님은 응답이 없었다. 얼마 전부터 감기 기운이 있어 힘들어 보였기에 혹시 파김치가 되어 휴식 중인가 은근히 걱정되기도 했다. 별일 없으려니 하면서 제 풀에 포기하고서는 읍내 마트에 들러 끼니 대용으로 고구마 5개와 우유 다섯 팩을 챙겨 다시 내 거처 마을길에 막 들어서다가 스님 전화를 받은 것이었다.

"그렇게 먹고 어떻게 살아요?"

스님은 그럴 게 아니라 바로 암자로 건너와 그냥 있는

247

같은 하늘 아래에서

밥 있는 반찬에 저녁이나 해결하고 가라고 나를 불렀다.

암자에 들어서니 아까 스님이 지붕 위에까지 올라갔다는 명백한 증거인 사다리가 처마 밑에서 나를 맞이했다. 스님은 나랑 함께할 저녁상을 차리느라 이번엔 부엌일을 하고 있었다. 나는 아까 점심상에 이어 오늘 두 번째로 민망해졌다.

'이 몸뚱이 하나 끌고 다니면서 이리저리 폐를 많이 끼치는 너는 누구냐?'

내가 나에게 물었다.

저녁식사 후 잠시 마당 화단 앞에 앉아 얘기를 나누다가 갑자기 스님이 벌떡 일어섰다.

"참! 이리 와서 이것 좀 보세요."

전에 다 죽어간다던 매화나무 앞에 쪼그려 앉았다.

"요즘 바빠 일하느라 저도 몰랐는데 … 글쎄, 이 매화가 마침내 소생했지 뭡니까. 여기 새로 난 잎사귀들 보이죠?"

스님은 무척 뿌듯한 미소를 함박 지으면서 신나는 목소리로 말을 계속 이었다.

"이 매화가 원래는 이웃 할머니 댁 길가에 있었는데 내가 옮겨 심은 뒤로 영 살아나질 않아서 공연한 짓을 했나 보다 후회와 죄책감이 들어서 매화한테 너무 미안했었는데 …. "

"그래서 얼마 전에 매화한테 '정말 미안하다'고 사과하고 소생하기를 기도하면서 막걸리도 주고 우유 헹군

물도 주고 아침저녁으로 보살폈더니 이렇게 살아나지 뭡니까? 염력이라는 게 있기는 있나 봐요."

스님은 정말 기뻐했다. 기뻐하는 스님을 보니 나는 저절로 미소가 지어졌다.

"아마 사랑의 교감이 통했나 봅니다."

나는 추임새를 놓으면서도 속으로 감탄했다. '새로 돋아난 매화 이파리에 저렇게 기뻐할 수도 있구나!'

마을로 돌아오는 길에는 벌써 어둠이 내리고 있었다. 하늘에 별이 하나둘 모습을 드러냈다. 길옆 들판에서 개구리들이 힘껏 합창을 했다. 대문에 들어설 때 감나무에서 산까치가 하루의 마지막 울음을 울었다.

살다가 망설여지거든

이 이야기는 지리산 삼도봉으로 이어지는 깊은 산속에 머무는 어느 수행자로부터 들었다.

그는 나에게 이야기를 들려주면서 그 두 가지 '실화'를 듣고 겪은 이후로, 자기는 앞으로 어떤 인연 앞에서 망설임이 일어날 때 그냥 첫 마음이 일어난 대로 행하면 좋은 쪽을 주저 없이 선택하기로 작정했다고 덧붙였다.

여름 폭우가 퍼붓듯이 쏟아지던 어느 날이었다. 식당 주인 A는 손님도 끊긴 식당 안에 한가로이 앉아서 후배 몇 사람과 심심풀이 잡담을 나누고 있었다. 그때였다. 체격이 훤칠하고 당당한 웬 스님이 비에 흠뻑 젖어 식당 안으로 불쑥 들어섰다.

주인 A는 순간 망설이다가 '영업 끝났는데요' 하며 그만 퉁명스럽게 내뱉고 말았다. 하지만 스님은 물러서지 않고 넉살 좋게 말했다.

"에이, 불이 켜져 있는 것을 보고 들어온 건데⋯."
그 스님은 털썩 앉더니 바랑을 내려놓고 아예 웃옷까지 벗어 두고는 시원한 맥주 몇 병을 주문했다.

주인은 스님의 풍모와 언행에 왠지 마음이 끌려 주문대로 응할까 또 한 번 망설이다가, 애당초 자기가 내뱉었던 말에 걸려 밀어붙이고 말았다.

"장사 끝났습니다."

"정 그러시다면 노래나 한 곡 부르고 갈랍니다."

스님은 난데없이 유행가를 한 곡조 뽑는 것이었다. 공교롭게 그 노래는 A가 평소 좋아하는 노래였다.

A는 스님이 이렇게까지 나오는 것에 속으로 마음이 켕기기도 하고 대작이라도 하고 싶은 마음이 한구석에 일어났지만, 다시 처음에 대했던 대로 결국 스님을 내치고 말았다.

스님이 실망한 기색으로 주섬주섬 챙겨 식당 문을 나간 직후, A는 그날 장사를 파하기로 하고 문을 잠근 뒤 자기 차를 둔 곳으로 발걸음을 재촉하고 있었다. 바로 그때 저쪽에서 아까 그 스님이 비를 맞으며 길을 건너는 모습이 눈에 띄었다.

그런데 곧이어 트럭이 달려오다가 스님을 치고 말았다. A는 큰 충격을 받았지만, 이번에도 끝내 그 현장을 모른 척 지나치며 달아나듯 외면해 버렸다.

그로부터 몇 년 후 A는 깊은 산속으로 수행자를 찾아

살다가 망설여지거든

왔다. 그의 몰골은 말이 아니었다. 사연을 들어보니 과거 그 사건 이후 식당은 장사가 너무 안 돼서 결국 문을 닫았다는 것이었다.

게다가 자신 또한 큰 교통사고와 잇단 액을 당하는 바람에 거의 죽을 뻔하다시피 지냈다고 깊은 시름에 빠져 고백하더라는 것이었다.

⚜

수행자가 A로부터 이 이야기를 직접 들은 이후 10년이 지난 어느 해였다. 수행자는 모처럼 부산에 출타했다가 돌아가는 길에, 버스 터미널에서 차표를 끊다가 과거에 친했던 친구가 생각났다.

수행자는 그 친구에게 연락해서 보자고 할까 말까를 한참 동안 망설였다. 그러다가 결국 버스를 타고 말았다. 다음날 수행자는 갑작스런 부음을 들었다. 그 친구가 세상을 스스로 하직했다는 소식이었다.

빈소에 달려가 보니 그 친구는 전날 자기가 버스 터미널에서 볼까 말까를 망설이던 그 시각으로부터 약 2시간 뒤에 목숨을 끊었다는 사실을 알게 되었다.

삶이 평탄치 않아 힘들어하면서 외롭게 살아왔던 친구였다. 이 일을 겪은 뒤 수행자는 바로 10년 전 어느 식당에서 일어났던 이야기까지 뇌리에 겹치면서 마음에 깊은 회한이 새겨졌다.

수행자는 이 두 가지 이야기를 나에게 들려주면서, 앞으로 인연이 다가왔을 때 망설임이 일어나면 애당초 첫 마음이 일어난 대로 할 작정이라며 말끝을 흐렸다.

🌿

이 글을 읽는 당신에게 나는 비극에 관해 이야기한 것이 아니다. 당신과 내가 살아가면서 겪게 되는 온갖 인연사와 선택의 망설임을 짚어내고 싶은 것이다.

삶은 끊임없는 선택의 연속이다. 당신과 나는 언제나

갈래길에 자주 놓이게 된다. 이쪽일까 아닐까 이렇게 할까 저렇게 할까를 저울질한다. 그럴 때 우리는 선택해야 한다. 그 선택에 관해 수행자는 다음과 같이 말했다.

"온 세상을 속일 수는 있어도 자기 마음은 속일 수가 없지요. 자기 마음을 똑바로 봐야겠지요."

인생길의 가르침은 곳곳에서 그 모습을 드러낸다. 나는 내 마음의 눈이 밝아지기를 염원한다.

사랑이 하자는 대로

세계 최고의 기업을 일구었던 스티브 잡스가 깊어진 병환으로 드러누워 삶이 시시각각 마감을 향하고 있을 때, 세상 사람들을 향해 마지막 말을 남겼다.

어둠 속에서 저는 생명을 연장해 주는 기계의 녹색 빛과 소음을 보고 들으며, 죽음에 신의 숨결이 점점 더 가까이 다가오는 것을 느낄 수 있습니다.

지금 이 순간 비로소 저는 깨닫습니다. … 제가 가져갈 수 있는 유일한 것은 사랑의 기억들뿐입니다. 사랑만이 진정한 부유함입니다. … 그것만이 영원히 사라지지 않고 여러분을 따라다니며, 여러분과 함께하며, 여러분에게 계속해서 힘과 빛을 줄 것입니다.

사랑은 끝없이 수천 마일을 여행할 수 있고 사랑엔 한계가 없습니다. '사랑이 하자는 대로', 당신이 가고 싶은 곳으로 가십시오. 당신이 도달하고 싶은 높은 곳에 오르십시오. 그 모든 것은 멀리 있지 않고 당신의 가슴속에 당신의 손안에 있습니다.

✿

스티브는 우리 곁을 떠나 어디론가 사라졌다. 그가 세상에 머물렀던 자리에는 잊을 수 없는 무지개가 떴다. 그는 사라졌지만 아름다움으로 남았다. 사라졌기에 그는 자기 삶의 아름다움을 마침내 완성했다.

스티브는 나에게 언젠가 나도 사라진다는 것을 넌지시 귀띔해 주었다. 이전에도 나는 내가 언젠가 마감을 맞이해 어디론가 사라진다는 것을 놓치지 않고 지내왔지만, 그가 나에게 마지막으로 전해 준 몇 마디는 작은 조약돌이 되어 내 마음에 잔잔한 물결을 다시 일으켰다.

그 파문 위에서 종이배를 탄 듯 내가 조용히 흔들리

　는 것을 느낀다. 내 마음이 항상 잠들지 않고 흔들리는
가운데 깨어 있기를 나는 기도한다.

　훗날 내가 사라지고 나면 내가 머물던 자리는, 남겨
진 누군가의 사랑으로 기억될 것이라고 믿는다. 그러
기 위해서는 내 마음 자체가 사랑을 품고 살아가야 할
것이다. 나에게 사랑이 있어야 사랑을 불러 접속할 것
이다. 그랬으면 좋겠다.

　내일 아침 다시 하루해가 지리산 너머로 떠오를 때,
내 마음속 심지에 당겨질 첫 촛불이 감사함의 자각으

사랑이 하자는 대로

로 조용히 흔들리기를 나는 바란다. 나는 그 흔들림으로 또 하루를 살아가기를 원한다. 나의 모든 감각이 그곳으로부터 열리기를 바란다.

장차 사라지는 나는 과연 누구일까? 당신도 나도 훗날 같은 곳으로, 처음에 왔던 그곳으로 사라질 것이다. 내가 삶의 끄트머리에서 종국적으로 사라진다는 것을 지금 미리 알아차리며 살아간다면, 나의 삶은 거기에서부터 되짚어 나오면서 '지금'과 '여기'에서 허방을 지르지 않고 완전연소가 가능해질 것이다.

당신도 마찬가지일 것이다. 삶의 아름다움을 최대치로 끌어올리는, 삶에서 가장 클라이맥스가 될 '마감'의 문제를 정면으로 응시하지 않고 외면하거나 뒤로 미룰수록, 당신의 삶도 점점 더 미궁에 빠져들게 될 것이다.

석가모니 붓다가 당신과 나에게 충고했다.

"그대는 태어나는 순간부터 시시각각 무덤을 향해

달린다. 그대는 반드시 마감하게 되며 마감이 언제 닥칠지 알 수 없다. 그대는 내 말을 듣는 즉시 그대 마음을 들여다보기 시작하라."

내 인생길에 맺어진 당신과의 인연에 고개 숙여 감사드린다. 당신의 아름다운 인생을 위하여 지금까지 내가 들려준 이야기가 작은 보탬이라도 될 수 있기를 진심으로 기원한다.

힘든 날들은 벽이 아니라 문이다

미래가 불안한 청년들을 위한 지리산 세레나데

구영회(전 삼척MBC 사장) 지음

지친 대한민국 청년들에게 바치는 지리산 희망가!

여보게 수고했네,
지리산에서 잠시 쉬며 인생을 다시 바라보는 것은 어떤가?

'스펙경쟁'이 판치고 '신분상승의 사다리'가 무너진 시대에 지친 대한
민국 청년들에게 힘을 주고자 쓰여진 이 책은 흔한 처세술, 무용담이
아니다. 그보다는 단 한 번뿐인 인생을 과연 어떻게 살아가는 것이 바
람직한지에 관한 소중한 지혜를 담고 있다. 저자는 한국의 대표적인
자연유산인 지리산의 아름다운 명소에 독자들을 초대하며 편안하게
인생 이야기를 풀어간다. 마음의 눈을 뜨면 새로운 세상이 보인다고,
그 세상에서 당신만의 길을 걸으며 모험을 즐기라고…

46판·양장본 | 248면 | 12,500원

나남 www.nanam.net | 031-955-4601